POESIA RUSSA MODERNA

Signos 33

Coleção Signos Dirigida por Augusto de Campos
Supervisão editorial J. Guinsburg
Capa e Projeto Gráfico Augusto de Campos, J. Guinsburg, Plinio
Martins Filho e Sergio Kon
Produção Ricardo W. Neves, Sergio Kon, Juliana P. Sergio e
Lia N. Marques

POESIA
RUSSA
MODERNA

Augusto de Campos
Haroldo de Campos
Boris Schnaiderman

PERSPECTIVA

Dados Internacionais de Catalogação na Publicação (CIP)
(Câmara Brasileira do Livro, SP, Brasil)

Poesia russa moderna / traduções de Augusto de Campos, Haroldo de Campos, Boris Schnaiderman. – São Paulo : Perspectiva, 2012. – (Coleção signos)

2ª reimpr. da 6. ed. de 2001
Vários autores
Revisão ou colaboração, prefácio, resumos biográficos e notas de Boris Schnaiderman.
Inclui iconografia e poesia visual.
ISBN 978-85-273-0279-1

1. Poesia russa I. Campos, Augusto de, 1931 – II. Campos, Haroldo de, 1929-2003 III. Schnaiderman, Boris, 1917 – IV Série.

01-6236   CDD-891.7

Índices para catálogo sistemático:
1. Poesia : Literatura russa 891.7

6ª edição – 2ª reimpressão
[PPD]

Direitos reservados em língua portuguesa à
EDITORA PERSPECTIVA LTDA.
Av. Brigadeiro Luís Antônio, 3025
01401-000 São Paulo SP Brasil
Telefax: (011) 3885-8388
www.editoraperspectiva.com.br

2019

SUMÁRIO

Nota sobre esta Edição......................... 15
Prefácio da 1ª Edição – *Boris Schnaiderman* 17
Prefácio da 2ª Edição – *Boris Schnaiderman* 39
Nota dos Tradutores............................ 51

ANTOLOGIA

ALEKSANDR BLOK 57
   Do Ciclo *Versos sobre a Bela Dama*.............. 58
   Fábrica....................................... 59
   Do Ciclo *Dança de Morte*...................... 60
   Os Doze 61
ANDRÉI BIÉLI................................. 79
   Burla.. 81
   A Palavra.................................... 84
   Canção para Guitarra......................... 85

De O *Pequeno Barracão de Feira no Pequeno*
Planeta "Terra".............................. 87
DAVID BURLIUK 95
"Somos jovens jovens jovens..." 96
VASSÍLI KAMIÊNSKI 97
"Fez..." 98
Poema de Concreto Armado 99
Desafio 100/101
Cigana............................... 102/103
De *Stienka Rázin* 104
De *Ivan Bolótnikov*....................... 110
VASSÍLI KANDÍNSKI 113
Ver....................................... 114
VIELIMIR KHLÉBNIKOV 115
"Tempos-juncos..." 117
Encantação pelo Riso.................. 118/119
O Grilo 120
"Elefantes batiam-se a golpes de marfim..." 121
"Cinzerário..."............................. 122
"Bobeóbi cantar de lábios..."................. 123
O Cavalo de Prjeválski....................... 124
"Quando morrem, os cavalos – respiram,..." 127
"Eis-me levado em dorso elefantino..." 128
"Hoje de novo sigo a senda..."................. 130
"Herdades noturnas gengiscantem!..." 131
"Anos, países, povos..."....................... 133

"Neste dia de ursos cerúleos..." 134
"Eu vi..." 135
"Uma vez mais, uma vez mais..." 137
"Vento – canção..." 138
O Único Livro 139
Louvação do Ele 141
De O *Presente* 145
Confissão (Estilo Rude) 148
ALEKSIÉI KRUTCHÔNIKH 151
  Alturas 152
  Usina Cindida 153
  Zustos 154
  Três Poemas "Transmentais" 155
  Inmortalidade 156/157
  Poema Visual 158
  História da Letra Ф (fragmento) 159
  "Me abraçaram..." 160
  Fome 161
  Inverno 163
ILIAZD 167
  "No arco do céu aceso que pesa..." 169
  De *Ilha da Páscoa* 170
ANA AKHMÁTOVA 171
  Lendo *Hamlet* 172
  Dístico 173
  Do Ciclo *Os Mistérios do Ofício* 174

"Torci os dedos...".......................... 175
Cleópatra..................................... 176
NICOLAI ASSIÉIEV............................ 177
"Quando a preguiça dobra o que é terreno...".... 178
Coração Batendo sem que se Ouça 179
BORIS PASTERNAK 181
O Dom da Poesia............................. 183
Sobre Estes Versos 184
"Minha irmã vida hoje se desborda...".......... 186
Definição de Poesia 188
Poesia.. 189
De *1905* 191
A Morte do Poeta............................ 200
"Ah, se eu antes soubera desta sina..." 202
Hamlet 203
"Ser famoso não é bonito" 204
ÓSSIP MANDELSTAM 207
"Nos bosques, ouropêndulas. Vogais..."......... 208
"Insônia. Homero. Velas rijas. Naves..." 209
A Era.. 210
"Vivemos sem sentir o chão nos pés..." 212
Do *Caderno de Vorôniej* 213
MARINA TZVIETÁIEVA........................ 215
"Mão esquerda contra a direita..."............. 216
Do Ciclo O *Aluno* 217
A Vladímir Maiakóvski 218

A Carta 219
À Vida 220
À Vida 221
"Silêncio, palmas!..." 222
Nereida 224
"Abro as veias: irreprimível..." 225
Tomaram.................................. 226
VLADÍMIR MAIAKÓVSKI 227
   Quadro Completo da Primavera 229
   Balalaica................................. 230
   Teatros.................................. 231
   De Rua 232
   De Rua em Rua........................... 233
   Eu....................................... 235
   Não Entendem Nada....................... 236
   Algo sobre Petersburgo 237
   Blusa Fátua 238
   Hino ao Juiz 239
   Hino ao Crítico........................... 242
   Lílitchka! Em Lugar de uma Carta............. 245
   Nacos de Nuvem 248
   Ordem n. 2 ao Exército das Artes 249
   Sobre Isto (Fragmento): Balada do
   "Reading Gaol" 253
   Sobre Isto (Fragmento): Repassando o passado 258
   Jubileu................................... 264

Carta de Paris ao Camarada Kostróv sobre a
Essência do Amor 279
A Plenos Pulmões 287
SIERGUÉI IESSIÊNIN. 297
    Outono 299
    De *Transfiguração*. 300
    Do Poema *Pomba do Jordão* 301
    De *Naves-Éguas* 302
    1. "Quando o lobo ulula para a lua...". 302
    5. "Quero cantar, cantar, cantar, cantar!..." 303
    A Confissão de um Vagabundo 304
    O Homem Negro 308
    "Pobre escrevinhador, é tua...". 315
    "Até logo, até logo, companheiro..." 316
NICOLAI ZABOLÓTZKI 317
    Vai-se o Zodíaco de Ouro 318
ILIÁ SELVÍNSKI 321
    "Estudo alemão, de raiva..." 322
EDUARD BAGRÍTZKI 325
    "Desmaio de doçura...". 326
NOTA SOBRE OS ABSURDISTAS. 327
DANIIL KHARMS. 329
    Amiga 330
    Calem-se Todos 333
LEONID MARTINOV. 335
    "Entre velhas casas..." 336

Paraíso Terrestre... 337
MARGARITA ALIGUER... 339
De *Primavera em Leningrado*... 340
SIEMIÓN GUDZENKO... 343
Antes do Ataque... 344
IEVGUÊNI IEVTUCHENKO... 347
Foguetes e Telegas... 348
Verlaine... 350
Encontro em Copenhague... 353
Os Herdeiros de Stálin... 356
ANDRÉI VOZNIESSIÊNSKI... 361
Goya... 362
Estrada de Rublióv... 363
Na América... 365
Noturno do Aeroporto de Nova Iorque... 368
Alunar... 372/373
Gaivota... 374/375
GUENÁDI AIGUI... 377
Casimir Malévitch... 378
atítulo... 380
Sobre a Leitura, em Voz Alta, do Poema "atítulo"... 381
sem título... 382
De novo: intervalos do sono... 384
sem título (*para o filho*)... 385
a casa do poeta em vólogda... 387
sonho: caminho no campo... 389

rosa do silêncio 390
Nuvens / Do *Caderno de Verônica*. 391
Ex-libris – para você – em versos 392
Joia 393
"De novo: ao embalar você...". 394
E: Círculo de Amor 395
IÚRI PANKRATOV 397
Canto Lento 398
LEV KROPIVNÍTZKI 401
Sextina. 402
ICONOGRAFIA. 405
POESIA VISUAL 421

NOTA SOBRE ESTA EDIÇÃO

A antologia da *Poesia Russa Moderna*, publicada originalmente em 1968 pela Editora Civilização Brasileira, tem uma história própria. Sua seleção foi marcada e demarcada, deliberadamente, pelos traços da invenção e da radicalidade. Buscou-se delinear um amplo panorama de linguagens e estilos, porém com ênfase em autores e obras que, até então, por serem considerados demasiadamente vanguardistas ou experimentais, costumavam ser representados com discrição, quando não excluídos das coletâneas dessa natureza.

Na presente edição, a 6ª a sair, agora integrada na coleção "Signos" da Editora Perspectiva, mantivemos a seleção apresentada nas anteriores, com a inclusão de novas traduções, sob o mesmo critério. Foram, também, atualizadas, à luz dos dados hoje disponíveis, as informações contidas nas notas biográficas.

Em apêndice, incluímos um dossiê sobre "Poesia Visual" das novas gerações russas (primeira publicação: *Revista USP*, n. 10, junho, julho, agosto de 1991), organizado por Boris Schnaiderman, e um caderno de ilustrações.

PREFÁCIO DA 1ª EDIÇÃO

No poema "A Guerra e o Mundo", de Maiakóvski, cada país oferece ao homem do futuro o que tem de melhor, e a Rússia lhe faz dom de sua poesia. Conforme lembra Roman Jakobson, ao comentar esta passagem, o Ocidente admira a arte russa, "o ícone antigo e o filme, o bale clássico e as pesquisas teatrais, o romance e a música, mas a poesia, talvez a maior de todas as artes russas, não se tornou, de modo algum, artigo de exportação"[1]. Esta asserção continua verdadeira, não obstante os valiosos trabalhos neste campo, aparecidos ultimamente em diversos países ocidentais. São geralmente trabalhos sobre temas determinados, iluminam este ou aquele aspecto, mas a tradução raramente dá ideia da riqueza e variedade, da exuberância da poesia russa.

---

1. Roman Jakobson, *Notes préliminaires sur les voies de la poésie russe*, preâmbulo à antologia *La poésie russe*, organizada por Eisa Triolet, Paris, Editions Seghers, 1965.

O presente livro é consequência da aproximação por nós efetuada, nos últimos anos, em equipe, do mundo surgido com a grande revolução poética ocorrida na Rússia a partir dos fins da década de 1900. Esta revolução não pode ser avaliada plenamente na base apenas dos materiais fáceis de encontrar. Tal como em relação às demais literaturas, houve em relação à russa um acúmulo de clichês, produzidos sobretudo pela repetição das mesmas peças, incluídas geração após geração nas antologias. Ademais, condições de momento intervieram mais de uma vez, e mais de um poeta ficou excluído dessas obras ou apareceu com destaque exagerado, devido a fatores absolutamente extraliterários. Neste sentido, são igualmente desfiguradoras certas antologias publicadas umas na Rússia, outras nos Estados Unidos. E tudo isto contribui para obliterar a importância da verdadeira explosão de gênio poético ocorrida na Rússia nas décadas de 1910 e 1920. A nosso ver, todo o desenvolvimento da poesia naquele país tem de ser analisado na base dessa explosão, assim como a poesia russa do século XIX não pode ser devidamente compreendida, sem um exame sério da obra da geração de Púchkin.

    O estudo de Jakobson a que nos referimos chama a atenção para esta analogia. Ele estabelece uma tábua cronológica, pela qual se constata que do fim do século XVIII até 1809 nasceram os poetas que marcariam o chamado século de ouro da poesia russa. Estes seriam seguidos por uma geração de grandes prosadores. Lermontov (1814-1841) situa-se na interseção do verso e da prosa. "Aleksiéi Tolstói (1817), Fet (1820), Apolón Grigóriev (1822), não obstante os seus dons excepcionais, ocupam uma posição nitidamente periférica na literatura russa de seu tempo, totalmente dominada pelos problemas apaixonantes e diversos da nova prosa. A audaciosa tentativa de Niekrassov (n. em 1821) de criar formas poéticas que ultrapassassem as fronteiras entre a poesia e o jornalismo era a única chance que tinha o grande poeta de contrabalançar a severa hegemonia dos prosadores". Realmente, todas as energias da literatura russa passaram a dirigir-se para a prosa. A poesia exerceu então papel bem secundário: uns poetas repetiam com rima e métrica as ideias de civismo e liberdade, que já haviam sido expressas com mais vigor e originalidade pelos prosadores; outros dedicavam-se a uma poesia de salão, superficial e repetitiva. Um poeta da importância de Inokênti Ânenski, nascido em 1856, só encontraria o caminho da poesia no fim de sua vida, já no século XX. Depois de uma primeira geração simbolista, de poetas nascidos a partir da década de 1860, e cujos começos foram por vezes bastante canhestros, a década de 1880 e o início dos anos 90 ficaram marcados pelo nascimento da maior parte dos grandes poetas que revolucionariam a poesia na Rússia a partir do advento do nosso século.

O simbolismo russo adquiriu frequentemente feição de um movimento amplo, de reação ao espírito positivista dos fins do século XIX, e fundiu-se com uma concepção do mundo que vinha da obra de Dostoiévski e do filósofo Vladímir Solovióv.

A corrente literária proveniente da França encontrava na Rússia terreno fértil e ganhava características nacionais inconfundíveis. Se o pleno amadurecer do simbolismo se deu após 1900, a reação contra ele marcaria os anos que se seguiram a 1910.

O simbolismo teve na Rússia não só a sua poesia, mas também a sua ficção, a sua teoria literária, o seu teatro. E o alto nível atingido por alguns dos simbolistas seria contrabalançado pelo vigor e expressividade dos que se opuseram a esse movimento.

A música da palavra, o etéreo, o sonho místico dos simbolistas podiam adequar-se a determinado momento da vida russa, mas corresponderiam plenamente a uma sociedade em que fermentavam os elementos do grande cataclismo de 1917? A década de 1910 marcaria, pois, o surgimento de novas formas de expressão.

Em primeiro lugar, a obra anunciadora de Vielimir Khlébnikov.

Ela não se parecia com nada do que se fizera anteriormente. Anulavam-se não só os clichês introduzidos pelo simbolismo, mas toda a linguagem convencional se desarticulava. Sua poesia parecia às vezes não ter sentido, mas, na realidade, o que Khlébnikov trazia, na feliz expressão de Iúri Tinianov, era "um novo sistema semântico"[2]. Ela só não tinha sentido para quem não conseguia apreendê-lo, nem perceber nele o verdadeiro signifi-

---

2. Introdução às Obras de Khlébnikov, em cinco volumes, Leningrado, 1929-1933.

cado dos novos tempos. Assim como Púchkin parecera muitas vezes "sem sentido" para os contemporâneos, assim como Blok não fora aceito desde o início, Khlébnikov também exigia que os leitores "se erguessem até o seu sistema semântico…" "As cruentas batalhas vocabulares do futurismo, que derrubavam as noções de bem-estar, de uma evolução lenta e planificada da palavra, evidentemente não foram gratuitas. A visão nova de Khlébnikov, que misturava paga e infantilmente o pequeno e o grande, não se conformava com o fato de que a linguagem cerrada e constrita da literatura não deixasse passar o mais íntimo e importante, e que esta parte mais relevante fosse constantemente repelida pela tara da linguagem literária e declarada uma casualidade. E eis que o casual tornou-se para Khlébnikov o 'elemento mais importante da arte'". "Apressaram-se a simplificar a sua teoria dos sons, e visto que ela se denominava transmental, apaziguaram-se com a noção de que Khlébnikov teria criado 'uma linguagem sonora sem sentido'. Isto é inexato. Toda a essência de sua teoria consiste em que ele transferiu, em poesia, o centro de gravidade, dos problemas de som para o problema do significado. Para ele não existe som que não tenha sido matizado pelo sentido, não existem independentes um problema de metro e um problema de tema. A instrumentação, que se aplica geralmente como imitação sonora, tornou-se em suas mãos um meio de transformação de significado, uma vivificação do parentesco, há muito esquecido, da palavra com outras palavras e de surgimento de novos parentescos vocabulares."[3]

O poema "Louvação do Ele", incluído nesta antologia, constitui exemplo característico desta feição essencial da obra de Khlébnikov. A relação entre o som e o sentido passaria a ser uma preocupação constante dos poetas russos, e, através sobretudo da obra de Roman Jakobson, refletir-se-ia na linguística moderna.

Revolucionando o uso da palavra, Khlébnikov estudou as possibilidades novas de seu emprego. A "língua transmental" (*zaúm*) era para ele algo bem concreto e preciso; os sons aglutinados não eram fortuitos, embora estivessem desligados do conceito habitual. A linguagem dos feiticeiros, dos xamãs da Ásia Central; a montagem e desmontagem das palavras; a transformação de nomes próprios em verbos, de substantivos em adjetivos e vice-versa; o registro dos cantos dos pássaros; a formação de palavras nas línguas eslavas em geral – eis alguns dos recursos de que se serviu. Muito antes dos surrealistas, já prenunciava a chamada escrita automática. Superando as limitações de espaço e tempo, antecipou em certo sentido o dadaísmo. Seus caligramas são anteriores aos de Apollinaire, e suas montagens de palavras efetuam-se na mesma época que as de Joyce, conforme foi particularmente sublinhado por Benjamin Goriély[4]. O que

---

3. *Op. cit.*
4. Prefácio a *Ka*, de Khlébnikov, Lyon, Vitte, 1960.

parecia mais arbitrário e desconcertante, na realidade ligava-se a toda uma tradição. Por exemplo, os versos "de inversão" (*piérevierti*), isto é, palíndromos, que podem ser lidos tanto da esquerda para a direita como vice-versa, sem mudar de sentido, e com os quais Khlébnikov escreveu um poema bastante longo sobre a revolta cossaca de Stienka Rázin, na realidade constituem forma de canção corrente no Cazaquistão, conforme registra Victor Chklóvski[5]. O que Khlébnikov certamente faz é uma aplicação de recursos da canção popular, mas com uma radicalidade e um senso das possibilidades do idioma que permitem uma valorização desse processo e dão-lhe nova dimensão.

Na realidade, a revolução poética por ele iniciada inseria-se num amplo movimento de renovação artística, que então ocorria na Rússia. As arrojadas experiências em prosa de Andréi Biéli apagam até certo ponto os limites entre a prosa e a poesia e marcam uma superação do romance tradicional. Na pintura, o *raionismo* de Larionov e Gontcharova procura captar os raios que formam a imagem, e Malévitch encaminha-se francamente para a abstração geométrica. Kandínski emprega linhas e manchas coloridas numa disposição semi-abstrata. Chagall inicia a longa série das suas figurações oníricas. V. Tátlin, A. Pevsner, Naum Gabo consagram-se com a criação de formas que expressam, de modo renovador, a civilização industrial. El Lissitzki faz

---

5. Vítor Chklóvski, *Vstriétchi* (Encontros), Moscou, 1944.

uso da impressão tipográfica, da fotografia e de outros processos de reprodução mecânica e reivindica o direito de construir com eles a obra de arte. Na música, surge Stravinski. O teatro russo, com seus grandes diretores, coloca-se na vanguarda da renovação da arte cênica.

Khlébnikov é seguido, nas arrojadas inovações, pelos seus amigos do assim chamado cubo-futurismo russo, a par de outros poetas da época. A. Krutchônikh utiliza a decomposição de palavras, as associações inusitadas, e cria, em alguns dos seus poemas, um clima de alucinação trágica. A sua linguagem transmental não revela sempre a preocupação de concreção semântica de Khlébnikov, aproximando-se às vezes de certos experimentos sonoristas do dadaísmo e, como eles, antecipando o letrismo[6].

A disposição tipográfica, a noção do poema como algo que é visto no papel, evidente em Khlébnikov, foi explorada pelo pintor e poeta Iliazd (Iliá Zdaniévitch).

A preocupação com a linguagem da Rússia rural deu a V. Kamiênski a possibilidade de traçar vastos quadros. A palavra ágil e brusca da fala popular, tão diferente das construções livrescas, foi aplicada por ele de maneira muito rica e pessoal.

A epopeia dos novos tempos, que encontrava sua linguagem própria, e que também em Khlébnikov tinha um toque rural, e

---

6. Esta diferença entre a *zaúm* de Khlébnikov e a de Krutchônikh foi sublinhada particularmente por Vladímir Matkov em *The longer poems of Velimir Khlébnikov*, University of California Press, 1962.

frequentemente arcaico, assumiu o seu caráter urbano por excelência com Vladímir Maiakóvski. E a nova civilização em sua plenitude. O homem das ruas e das fábricas substitui o transcendental, o místico, o harmonioso dos simbolistas. A linguagem coloquial, o palavrão, a sigla partidária, tudo se torna matéria de poesia. A irrupção do convencionalmente não-poético, como matéria de poesia, que se manifesta com Khlébnikov, encontra sua plena afirmação na obra de Maiakóvski. Em lugar da eufonia, uma orquestração que leva em conta igualmente as dissonâncias. A imagem acompanha passo a passo a radicalização da linguagem. O poeta passa a utilizar largamente a hipérbole. O descomunal e inusitado substitui o cotidiano, o equilibrado, o regular. Mas as imagens hiperbólicas não eliminam a concisão extrema. Maiakóvski é, ao mesmo tempo, hiperbólico e anti-sentimental, exuberante e contido, entusiasta e satírico.

A grande convulsão social requeria uma linguagem desvinculada dos padrões herdados de uma época de tranquilidade burguesa. A poesia das praças e dos comícios não podia falar a linguagem dos saiões e das academias.

Maiakóvski recorre poucas vezes à métrica tradicional, preferindo elaborar seu próprio ritmo, frequentemente áspero e selvagem, e rima entre si palavras inteiras, desenvolvendo assim uma das grandes inovações formais de Khlébnikov.

Seus poemas, a partir de 1923, dispõem-se sobre o papel numa forma funcional, com a indicação das pausas, e que ao mesmo tempo utiliza o branco e preto da página como um objeto visual.

Todas estas modalidades de pesquisa formal eram a manifestação de um desejo de renovação geral. Khlébnikov já fora a expressão de um ânimo rebelde. A subversão das formas poéticas tradicionais era acompanhada nele de um anseio de rebelião social, que o aproximava das grandes movimentações de massas das sublevações de Stienka Rázin e Pugatchóv, nos séculos XVII e XVIII, respectivamente. A rebeldia era inerente a todo o grupo dos cubofuturistas. Foi com Maiakóvski, porém, que ela assumiu o caráter de verdadeiro espírito revolucionário.

Após a Revolução de Outubro, a atividade poética de Maiakóvski adquire caráter diverso, embora sua obra mantenha unidade perfeita do início ao fim. Ele se torna o poeta dos grandes auditórios, para os quais lê seus versos. Dedica-se durante algum tempo à arte do cartaz, isto é, escreve quadras e dísticos para cartazes desenhados por ele mesmo e por outros artistas. Frequentemente, faz versos para jornais, sobre assuntos do dia, ou até anúncios de produtos. É o poeta do imediato, da poesia de comunicação direta. Em lugar do "eterno", do "inabalável", escreve intencionalmente aquilo que se dirige ao leitor do dia, mas insiste em que essa poesia de consumo imediato, que tem muito da publicidade moderna e do jornalismo, deve ter alto nível de realização. Elabora e reelabora cada verso, cada estrofe. Por vezes, é acusado de "incompreensível para as massas", mas responde sobranceiro que não pode baixar o nível de sua produção, pois o povo é que deve ser educado para compreender a boa poesia.

O rádio, o teatro, o cinema são outras tantas formas de realização que utilizou, não fazendo distinção entre elas e a obra poética propriamente dita. A poesia passava a ser compreendida como algo vivo, ligado à civilização industrial, aos meios de comunicação que evoluíam.

Os temas rurais, que são soberanos em boa parte da obra de Khlébnikov e Kamiênski, encontraram seu cantor por excelência em Sierguéi Iessiênin. Ninguém como ele soube expressar a velha Rússia camponesa, tradicional e sonolenta, que ruía sob os embates da Revolução. A natureza é vivida por ele como familiar e cotidiana, os animais da aldeia são sentidos como pessoas da família, as próprias plantas são humanizadas. Não é por acaso que ele revela o desejo de "abraçar o seio nu das bétulas". É também o cantor da boêmia urbana, pois o poeta camponês perde-se nos antros da capital.

O campestre nele nem sempre está impregnado de espírito bucólico. Há uma truculência de linguagem e uma violência imagética que irrompem por vezes, destruindo a visão "pacífica" do campo. O lírico parece estar num processo constante de autodestruição, pelo menos nos seus momentos mais vigorosos.

Iliá Selvínski foi outro poeta que soube trazer para seus versos os grandes temas e as grandes modificações de linguagem acarretadas pela civilização industrial. Tal como Maiakóvski, mas em forma diferente e muito pessoal, utilizou em sua obra a gíria mutável, números, temas do cotidiano, trocadilhos correntes. Era considerado chefe do grupo dos poetas "construtivistas", que procuravam exaltar a industrialização da Rússia. Selvínski, porém, não se ligou a Maiakóvski, que saudara o construtivismo nas artes plásticas e cuja poesia tinha já fortes elementos dessa tendência.

Boris Pasternak esteve próximo do grupo dos cubofuturistas, mas a sua poesia logo se diferençou pela aliança entre as conquistas mais arrojadas das escolas de vanguarda e o verso tradicional russo. Sua obra reflete um deslumbramento com o mundo, expresso em linguagem que tem muito de coloquial, mas este coloquial irrompe numa poesia altamente requintada, e que tende com muita frequência para o neoclassicismo, a par de construções sintáticas inusitadas. A natureza aparece transfigurada pela emoção; o que há, em Pasternak, não é a vivência cotidiana, camponesa, de Iessiênin.

Nos últimos anos de vida, procurou atingir com seus versos uma simplicidade serena, um tom superior e equilibrado. Deste modo, ficavam em certa medida podadas as exuberâncias de seus primeiros livros de poemas. Chegou mesmo a modificar alguns dos seus textos da primeira fase. Mesmo assim, sua obra poética não podia ocultar a marca dos processos aprendidos no tempo de Khlébnikov e Maiakóvski.

Dentre os poemas representados nesta antologia, o episódio de "1905" é bem característico de sua fase mais exuberante. Ele nos mostra um Pasternak moderno e vigoroso, participante e sensível ao bafejar da época.

O mesmo impulso parece ter arrastado também os grandes poetas simbolistas, contemporâneos do cubo-futurismo. Até a disposição gráfica dos seus poemas se modificou então, devendo-se observar, porém, que mesmo antes os simbolistas russos já haviam revelado sensibilidade particular por este aspecto de suas obras.

Aleksandr Blok é o nome máximo dos primeiros anos do século. Sua poesia é simbolista, está impregnada das características dessa escola, mas, ao mesmo tempo, tem por vezes um toque de concisão e de equilíbrio clássicos. Nada disso, porém, o impede de concretizar na sua obra escrita após a Revolução a irrupção dos novos temas e da nova linguagem. Em "Os Doze", a canção popular, com seu ritmo ágil, contrasta com um metro mais tranquilo, mais próprio para expressar os estados contemplativos. E estes dois níveis manifestam-se também no plano semântico: no decorrer do poema, pode-se acompanhar o tom e o vocabulário da canção russa mais antiga, que se alternam com alusões a fatos correntes do dia e com uma gíria violenta, utilizada em momentos bem determinados, de modo a marcar certos episódios. Aliás, em Blok há sempre um balancear entre a serenidade, a contemplação, e uma participação nos assuntos do dia, uma identificação com a Rússia de seu tempo, com os seus problemas e anseios.

Andréi Biéli é o poeta dos grandes transportes místicos, dos êxtases e das revelações. Adepto da Antropossofia, orienta toda a sua vida e sua obra para servir à ideia religiosa. E, ao mesmo tempo, o impacto da época é violento demais para que ele possa isolar-se em seu delírio de crente. Eis o que escreve no preâmbulo de um dos seus livros:

> Sou atraído agora por novos temas: a música do caminho da iniciação deu lugar ao foxtrote, ao boston e ao jimmy: prefiro agora um bom jazz aos sinos de Percival; no futuro, gostaria de escrever versos que correspondessem ao foxtrote[7].

E realmente os escreveu, conforme se pode constatar pelos que incluímos neste livro.

A obra de Marina Tzvietáieva mostra uma luta incessante entre a musicalidade fácil, corrente, agradável, sob cuja influência a princípio esteve e os ritmos do século ásperos- sincopados, por vezes até cacofônicos. Aparentemente, dessa tensão, dessa luta entre os dois polos, surge uma depuração, uma linguagem tersa e condensada, uma veemência contida, uma sobriedade rara, próprias para expressar as grandes angústias da época. Pois. certamente, pouquíssimos poetas modernos souberam testemunhar

---

7. *Posle zviezdi* (Depois da estrela); incluído em *Stikhotvoriênia* (Poemas). Berlim-Petrogrado-Moscou, Casa Editora de Z. I. Grjébin, 1923.

com tamanha densidade e vigor o espírito do tempo como essa mulher de existência trágica.

Positivamente, nenhum poeta verdadeiro podia alhear-se aos ritmos, ao sopro dos novos tempos. Óssip Mandelstam foi um dos principais acmeístas (do grego: *akme*, cume, ápice, fastígio), escola que pretendia restabelecer na poesia a palavra exata, ligada a toda a tradição. Mas este neoclassicismo nunca assumiu as características do parnasianismo francês ou brasileiro: havia uma procura da frase direta e concisa; a lógica e o equilíbrio que buscavam os acmeístas não seriam condizentes com a sonoridade retumbante de certos alexandrinos parnasianos. Em Mandelstam, porém, a par dessa construção lógica e cristalina, de toque apolíneo e tão diferente da concisão áspera de um Maiakóvski, havia sempre uma ponta de mistério, guardada, ainda, dos seus começos como poeta simbolista. A partir da Guerra Civil, a confusão e absurdo do mundo que o rodeia penetram-lhe na obra. Nessa fase, o que aparece não é apenas um toque de mistério, mas uma linguagem que irrompe decididamente nas regiões menos claras.

Ana Akhmátova é outro nome importante do acmeísmo. A clareza e limpidez que a escola objetivava são dirigidas por ela com frequência para o terreno dos sentimentos humanos e, particularmente, das relações entre os sexos. Mas também aí intervém o espírito do tempo, e ela aborda esses assuntos com franqueza e um sentido concreto, muitas vezes desmistificador.

Sua obra ultrapassa os limites do acmeísmo, porém está marcada por ele, mesmo nos seus momentos de grande vigor.

Alguns poetas que se deixaram tomar pelos ritmos da época depois procuraram, a exemplo de Pasternak, uma expressão mais serena e chegaram a renegar sua obra da década de 1920. Foi o caso de Nicolai Zabolótzki. Certamente o mais expressionista dos poetas russos, soube transmitir na sua primeira fase, aquela realmente significativa, uma visão estranha do mundo, ora em clima alucinatório, como no poema incluído neste livro, com os seus elementos evidentes de paródia aos mitos do romantismo, ora em descrições de aspectos desconcertantes da civilização urbana.

Após o suicídio de Iessiênin (1925) e de Maiakóvski (1930), iniciam-se os verdadeiros "tempos duros para o artista", a que se referira o segundo em seu poema sobre a morte de Iessiênin. A "volta aos clássicos" era propugnada como uma necessidade. Exaltava-se a figura de Maiakóvski, pela qual o próprio Stálin manifestara admiração, calando assim os que lhe atacavam os versos. Estes contrastavam, porém, com o ambiente que se criara. A incompreensão da obra dos que realizaram a grande revolução poética a partir da década de 1910 era apresentada como virtude. E esta incompreensão generalizava-se cada vez mais. Neste sentido, basta ler o discurso de Gorki, no encerramento do Primeiro Congresso de Escritores Soviéticos, 1934, em que, referindo-se a Maiakóvski, atacou o "hiperbolismo, a meu ver nocivo, deste poeta assaz influente e original"[8].

Muitos poetas inovadores ficaram praticamente esquecidos. Óssip Mandelstam deixou de ser editado e foi simplesmente excluído de enciclopédias literárias e histórias da literatura. Outros sofreram o mesmo destino ou tiveram editada apenas a parte menos arrojada de sua obra. Foi o que aconteceu com Iliá Selvínski. Veja-se, neste sentido, a amargura do poema que aparece na presente antologia. Ou melhor: amargura e desafio, com um toque de grandeza. Nada disso o impediu, contudo, de renegar mais tarde sua poesia da fase construtivista.

Foi a época dos longos poemas grandiloquentes. A poesia passava a ter uma função de exaltação. As novas gerações ficavam conhecendo apenas uma parte do acervo poético de seu país. E isto naturalmente se refletiu na qualidade do que se publicava. Os livros atacados continuavam provavelmente nas bibliotecas, pelo menos os "apolíticos", mas deviam ser poucos os que os procuravam, o clima que se criara não era propício à pesquisa individual e séria.

Durante a guerra, houve certa distensão. Não se procedeu à reavaliação do acervo russo de poesia; não houve também uma volta ao trabalho acurado com a palavra poética. Mas certo afastamento das normas acadêmicas mais estritas percebeu-se

---

8. *Obras Reunidas de Górki*, edição da Academia de Ciências da URSS, vol. XXVII, 1953.

mesmo antes do ataque alemão. Havia como que uma preocupação de unir o povo, de esquecer as divergências menores. Assim, em 1940 editaram-se uma antologia de Khlébnikov e um livro com seus textos inéditos. Boris Pasternak, que durante anos se dedicara sobretudo a traduções, pôde publicar seus versos, inclusive em livros. Em meio à abundante produção poética da época, quase toda de caráter patriótico e imediatista, aparecia aqui e ali um poema realmente de valor. Vejam-se, por exemplo, o de Siemión Gudzenko incluído neste livro e o de Margarita Aliguer.

Por vezes, a poesia encontrava a sua linguagem mais contida, mais digna, para expressar os grandes temas do momento. Outras vezes, praticava-se o que se poderia denominar "jornalismo em versos". Certos temas do dia eram abordados em forma de poesia, e geralmente bem tradicional, sem grandes voos, sem a inovação que representou frequentemente no século passado o "jornalismo poético" de Niekrassov, ou, na década de 1920, a poesia de jornal de Maiakóvski.

Depois da guerra, intensificou-se o controle de toda a vida literária. Com a condenação pública de Ana Akhmátova, atacada violentamente por Jdanov e impedida de publicar seus versos, a poesia russa entrava numa época sombria.

Após a morte de Stálin, em 1953, houve períodos de maior liberalização, seguidos de alguns retrocessos. Aos poucos foi sendo publicado o acervo poético das décadas precedentes, Esta publicação se faz paulatinamente, e até hoje está inédita boa parte da produção poética que não pôde ser lançada no período stalinista. No entanto, este processo foi intensificado nos últimos anos, e surgem frequentemente vozes que o reclamam; é um trabalho em progresso, que reserva grandes surpresas mesmo para os que se dedicam com afinco ao estudo da poesia russa deste século.

Nos últimos anos, houve grande curiosidade internacional em torno do surgimento, na Rússia, de uma geração de jovens poetas, rebeldes e arrebatados, que liam seus versos em praça pública. Trata-se, inegavelmente, de um fato importante para a sociologia da literatura. A afluência de multidões às praças públicas e aos estádios, a fim de ouvir os seus poetas prediletos, que se transformavam em ídolos, eis um assunto digno de reflexão. Mas, de que qualidade era essa poesia?

Em primeiro lugar, havia evidentemente uma volta à grande tradição moderna das décadas de 1910 e 1920, uma leitura acurada de Khlébnikov, Maiakóvski e Pasternak. Frequentemente, o que em outro país não apresentaria novidade alguma, na Rússia que saía do período stalinista era um fator altamente positivo. Ademais, alguns desses poetas chegaram a criar realmente obras de valor.

Ievtuchenko teve o seu momento bom, quando soube dizer palavras ásperas e oportunas, na hora exata e na direção certa. Como poeta-tribuno, incisivo e direto, teve certamente o seu dia. Andréi Vozniessiênski apresenta maior elaboração poética, mais arrojo formal, mais apuro, mas por vezes também se deixa levar pela facilidade.

Contrabalançando a tendência retórica e sentimental, surgiu recentemente um poeta mais despojado, de linguagem por vezes estranha e hermética, e que expressa uma visão profundamente metafísica: Guenádi Aigui. Sua admiração pela pintura de Malévitch parece resultar num procedimento peculiar: há concreção e redução às linhas e palavras essenciais.

Outros poetas novos apresentam também, ora aqui ora ali, características originais e promissoras. Veja-se neste sentido o poema de Iúri Pankratov por nós apresentado, e que revela um uso extremamente feliz da técnica de repetição.

Uma antologia nunca é perfeita e, a rigor, nunca está concluída. Temos, porém, a consciência de que fizemos o que nos era possível para apresentar em português, de maneira digna, a grande revolução poética a que nos referimos no início deste Prefácio, bem como os seus desenvolvimentos, pois, a nosso ver, todas as tendências poéticas russas foram por ela afetadas.

Compreendemos muito bem que uma antologia deve ser suficientemente ampla para incluir autores de diversas tendências. Foi o que fizemos, procurando, porém, selecionar aqueles poemas que traziam alguma contribuição à poesia universal, pelo seu caráter criador.

Procedemos a uma pesquisa em bibliotecas tanto do Ocidente como da União Soviética. Neste sentido, encontramos a boa vontade de muitos especialistas. Seria longo demais enumerá-los aqui. Todavia, um agradecimento especial deve ser feito a Rudolf Valentínovitch Duganov, do Museu-Biblioteca Maiakóvski, de Moscou.

Temos a impressão de que o português se presta melhor que outras línguas para a reprodução da "trilha sonora" dos poemas russos. Procuramos, pois, utilizar estes recursos da língua em nosso trabalho. A fidelidade que buscamos foi a fidelidade integral, isto é, semântica, fonológica e gráfica. De nada nos adiantaria reproduzir apenas o "conteúdo", a "mensagem" de um poema, pois, a nosso ver, limitar a tradução de poesia a este aspecto seria um empobrecimento e uma deformação. Na recriação do texto, usamos de um grau considerável de liberdade, pois prezamos muito aquela "liberdade intencional, sem a qual não existe aproximação dos grandes objetos", a que se refere Pasternak[9], e que não é de modo algum incompatível com a verdadeira fidelidade ao original.

BORIS SCHNAIDERMAN
São Paulo dezembro de 1967

---

9. No prefácio à sua tradução do *Hamlet*. Boris Pasternak, *Obras*. EUA, edição da Universidade de Michigan, vol. III, 1961.

PREFÁCIO DA 2ª EDIÇÃO

Cerca de dezessete anos decorreram entre o lançamento desta antologia, pela Editora Civilização Brasileira, e a entrega do atual volume ampliado, para nova edição. A equipe que se dedicou a este trabalho para o livro de 1968 continuou preocupando-se com o tema e tornou mais abrangente aquele acervo inicial. Conforme tive ocasião de acentuar no prefácio anterior e é preciso repetir, "uma antologia nunca é perfeita e, a rigor, nunca está concluída".

A elaboração do livro, desde a sua primeira versão, resultou numa grande aventura criativa e nela estamos empenhados até hoje. O próprio ato de traduzir implicava uma penetração no texto, uma apreensão que fazia os elementos sociais e históricos aparecerem na própria linguagem poética, que traz a marca deles, não como um simples reflexo, mas como a realidade. O poema é um objeto histórico e não um reflexo da história. O nosso modo de lidar com o problema lembra muito o que afirma o teórico russo V. N. Volochinov em *Marxismo e Filosofia da Linguagem* (segundo alguns, o verdadeiro autor do livro seria M. Bakhtin): "Cada signo ideológico é não apenas um reflexo, uma sombra da realidade, mas também um fragmento material dessa realidade"[1]. Segundo ele argumenta, todo signo linguístico é um "signo ideológico". E ainda antes de havermos lido Volochinov/ Bakhtin, por não termos tido então acesso aos seus textos, que não estavam divulgados no Ocidente, procuramos trazer para o português todo aquele mundo: criar um objeto viável em termos de nossa cultura e que fosse, na medida do possível, um fragmento da história, do universo em que surgira o original.

Realmente, trabalho para toda uma vida. Ou melhor, no nosso caso, trabalho para três vidas.

O espaço considerável atribuído, nesta edição, a Khlébnikov e Maiakóvski está plenamente de acordo com o projeto inicial. Segundo a nossa visão do tema, tanto por ocasião da primeira edição como hoje, estes dois poetas são a vértebra que sustenta todo o corpo da poesia russa moderna, a charneira em torno da qual girou tudo o que havia nela de inovador. Khlébnikov como o genial descobridor de caminhos, Maiakóvski como o

---

1. M. Bakhtin (V. N. Volochinov), *Marxismo e Filosofia da Linguagem*, tradução de Michel Lahud e Yara Frateschi Vieira, com a colaboração de Lúcia Teixeira Wisnick, Carlos Henrique D. Chagas Cruz e Lucy Seki, São Paulo, Hucitec, 1979, p. 19. Conferido com o original: V. N. Volochinov, *Marksism i filossófia iaziká*, Leningrado, 1930, 2ª ed.

grande realizador. Por mais que passem os anos e nos familiarizemos com outros textos daquele período, por maior que seja o deslumbramento com alguns deles, esta nossa convicção mantém-se inabalável.

A retomada desses textos deu margem a diversas experiências interessantes, mesmo com os já traduzidos. Por exemplo, o poema de Khlébnikov "Bobeóbi" foi completamente retrabalhado, na base de uma troca de ideias de Haroldo de Campos com Krystyna Pomorska e da análise que esta fez desse poema em seu livro *Formalismo e Futurismo*[2]. As soluções daí decorrentes já haviam sido entrevistas por ocasião da primeira redação, mas a segurança da análise de Krystyna Pomorska nos convenceu da justeza de um caminho que fora abandonado naquela altura. O trabalho com esse poema obriga a uma reflexão geral sobre o fenômeno da *zaúm*, a famosa linguagem "transmental" dos futuristas russos. Lidando mais com os textos, chegamos à conclusão de que o fenômeno apontado em relação a Khlébnikov por Krystyna Pomorska e outros teóricos, o da semantização dos elementos aparentemente não-semânticos, funciona também em relação a outros textos daquele período, inclusive certas experiências de Krutchônikh que têm sido tradicionalmente opostas às de Khlébnikov e que não nos parecem tão discor-

---

2. Krystyna Pomorska, *Russian Formalist Theory and its Poetic Ambiance*, Haia-Paris, Mouton, 1968; edição brasileira: *Formalismo e Futurismo*, trad. Sebastião Uchoa Leite, São Paulo, Perspectiva, 1972, pp. 130-132.

dantes como utilização do material poético, nem tão afastadas de uma semântica do texto, como se pretende com frequência.

É verdade que A. Krutchônikh chega à abstração total, ao puro jogo de letras e fonemas, conforme se constata em textos que incluímos neste livro. Trata-se, porém, do limite, da "barreira do som" que o poeta atinge, mas no desenvolvimento de um processo de semantização/dessemantização. Isto se depreende, a nosso ver, de sua obra poética, embora nas declarações programáticas estivesse às vezes próximo da posição que seria defendida, bem mais tarde, pelo "letrismo" francês.

O jogo sonoro a que ele se entrega tem como ponto de partida a sonoridade peculiar da língua russa, conforme pode ser constatado particularmente nos "Três Poemas Transmentais", acrescentados nesta edição. Um deles, o "Dyr, Bul, Chtchyl", ficou famoso como expressão da aspereza que os futuristas procuravam explorar, em oposição à suavidade, ao melodioso, da poesia clássica. Em "A Palavra como Tal" (1913), escrito assinado por Krutchônikh e Khlébnikov, afirma-se que esse poema contém mais elementos nacionais russos que toda a poesia de Púchkin.

Frequentemente, o jogo sonoro de Krutchônikh procura fundir a sonoridade da língua russa com a sonoridade do georgiano, pois ele residiu bastante tempo em Tiflis (hoje Tbilissi), onde teve muito contato com Iliazd. Um exemplo desse jogo sonoro é dado pelo poema "Inmortalidade". Não se trata, neste caso, de imitação fônica de efeito humorístico, como tivemos no Brasil, por exemplo, com Juó Bananere ou Aparício Torelli ("Barão de Itararé"), mas de uma incorporação com elaboração de linguagem poética.

A *zaúm* dos poetas do futurismo russo foi levada a um máximo de elaboração, inclusive com grande requinte tipográfico, pelo pintor e poeta Iliá Zdaniévitch (Iliazd), nascido na Geórgia, mas que passou muitos anos em Paris, onde esteve no centro das discussões artísticas de seu tempo.

Aliás, como se poderá verificar, uma das características da presente edição é o enriquecimento dela com alguns poemas onde o dado grafemático é explorado tipograficamente no sentido da composição visual, reproduzindo-se para tanto, quando necessário, os textos originais em complemento à respectiva recriação brasileira.

De modo geral, todo o movimento poético russo a partir de 1910 esteve muito marcado pela evolução das artes, particularmente a pintura. Vários poetas importantes foram também desenhistas e pintores, e alguns dos maiores artistas plásticos escreveram poemas: adiante se encontrará um da autoria de Kandínski.

A tradução criativa no nível que alcançaram Augusto e Haroldo de Campos constituiu muitas vezes uma penetração tão séria na estruturação do original que ela atingiu as características mais profundas deste, mesmo quando os tradutores desconheciam, por deficiência de comunicação entre os nossos universos de cultura, estes ou aqueles pormenores factuais da realização do texto. Assim, num acréscimo à edição brasileira do estudo "Configuração subliminar em poesia", Roman Jakobson chama a atenção para o fato de que na tradução do poema de Khlébnikov "O Grilo", incluído nesta antologia, Augusto de Campos conservou, nos primeiros versos, os cinco eles do original, sem nenhum conhecimento dos comentários que o poeta russo fizera sobre a importância que tinham para o arcabouço do texto[3]. Para compreender essa importância que os elementos sonoros tinham para Khlébnikov e como eles se semantizavam, basta ler o poema "Louvação do Ele", traduzido por Haroldo de Campos e igualmente incluído neste livro.

Há um exemplo muito interessante de como a intuição poética permitiu ao tradutor brasileiro evitar um debilitamento ocorrido com o texto original, por injunções de ordem extra poética. No poema de Siemión Gudzenko, "Antes do Ataque", aparece um trecho cuja tradução aproximadamente literal, na base do texto disponível, seria:

Difícil
ano de quarenta e um -
e a infantaria congelada na neve.

---

3. Cf. Roman Jakobson, *Linguística. Poética. Cinema.* São Paulo, Perspectiva, 1970, pp. 82-83.

Eis como Iliá Erenburg, em suas memórias, então ainda desconhecidas por nós, refere-se a este mesmo texto e às correções que nele foram introduzidas: "Contarei a história de dois versos que citei acima:

Maldito sejas
ano de quarenta e um -
tu, infantaria congelada na neve.

O redator exigiu uma substituição. Obediente, Gudzenko escreveu:

Pede foguetes a abóbada celeste,
e a infantaria congelada na neve.

Perguntei-lhe o que a abóbada celeste tinha a ver com isso, ele sorriu culpado: 'Que podia eu fazer?'... (Passaram quinze anos. Gudzenko morreu, e na edição de 1956 apareceu uma outra variante, igualmente ridícula: 'Difícil ano de quarenta e um, e a infantaria congelada na neve' – como se o soldado que tinha a impressão de estar atraindo as minas refletisse academicamente: o ano está difícil. Somente em 1961, depois que começou a degelar a poesia enrustida na neve, restabeleceram o texto autêntico)"[4].

Embora seja difícil partilhar hoje em dia o aparente entusiasmo de Erenburg com o degelo de 1961, as suas reminiscências mostram bem as dificuldades que existem muitas vezes para restabelecer o texto de um autor soviético.

Convém esclarecer que nós tínhamos à mão, quando se trabalhou com o poema, um texto publicado em antologia de 1957, texto esse quase igual ao da edição de 1956, a julgar pelo que escreveu Erenburg, mas, em lugar da "variante ridícula", Haroldo escreveu:

Quarenta e um,
ano aziago.
A infantaria jaz inteira
no seu sepulcro-geleira.

A fidelidade mais verdadeira ao original, a assimilação deste como objeto poético e não como um conjunto de palavras a traduzir passo a passo, permitiu-lhe sobrepujar aquela intromissão extrapoética, da qual, na ocasião, não tínhamos nenhum conhecimento.

---

4. Tradução minha, baseada em Iliá Erenburg, *Liúdi, gódi, jizn* (Homens, anos, vida), *Obras Reunidas em Nove Volumes*, Moscou, Editora Literatura, 1967, vol. 9, p. 320. Edição brasileira: *Memórias*, 6 vols., Rio de Janeiro, Civilização Brasileira, 1964-1970.

A primeira edição desta antologia desempenhou um papel bem interessante na divulgação da obra de Guenádi Aigui, poeta tchuvache que passara a escrever em russo. Conforme se afirmou então na respectiva nota biográfica, ele era bastante conhecido na Polônia, Iugoslávia, Tchecoslováquia e Hungria, graças a traduções aparecidas até então naqueles países, mas quase desconhecido quer na Rússia (por falta de publicações soviéticas, situação que perdura até hoje), quer no Ocidente. Soubemos de sua existência graças a contatos que Haroldo de Campos estabelecera numa visita à Tchecoslováquia. Procurei-o em Moscou em 1965, mas estava então viajando. Amigos comuns transmitiram-lhe, porém, um recado meu e, pouco depois, eu recebia dele uma carta, acompanhada de poemas datilografados e outros materiais. Os poemas que publicamos e mais um artigo meu sobre o poeta, com o título "A Importância de ser tchuvache" (Suplemento Literário de O *Estado de S. Paulo*, 11 e 18.4.1971), permitiram-nos contribuir para a divulgação deste importante poeta, no Ocidente. Depois disso, enviamos versos seus a intelectuais estrangeiros, enquanto em diversos países poetas e críticos, paralelamente ao nosso trabalho, procuravam igualmente divulgá-lo.

Quanto a nós, foi o poeta vivo ao qual dedicamos maior espaço na antologia, desde a primeira edição. Aigui encontrou considerável aceitação na Alemanha, graças em grande parte ao trabalho de Karl Dedecius e Wolfgang Kasack. Na França, houve um trabalho constante e entusiasmado de Léon Robel, com traduções e ensaios sobre este poeta tchuvache, isto é, de um povo do Volga, com cerca de um milhão e meio de habitantes.

Minha estada na Rússia em 1972 permitiu estabelecer um contato mais estreito com Aigui, certamente uma voz em surdina mais forte que as trombetas altissonantes de certa poesia de celebração. O poema "Rosa do Silêncio", que figura neste livro, é um dos que ele me dedicou. Iniciado de madrugada, foi concluído na escadaria do Teatro Bolchói, onde o poeta se encontrou com uma amiga comum, então de volta ao Brasil.

Enfim, este livro tem muito a ver com toda a nossa atividade. A exemplo do que realizamos com *Poemas* de Maiakóvski[5], antologia da qual republicamos aqui alguns textos, acrescidos de outros, inéditos, ele se estruturou como um trabalho conjunto paralelo a outros que cada um de nós foi desenvolvendo. Para a primeira edição, tivemos de lutar com grandes dificuldades, ao procurar obter os materiais indispensáveis. Desde então, fizemos viagens e pudemos ampliar nosso contato com as fontes. Beneficiamo-nos, sobretudo, de um contato valiosíssimo, mantido desde meados dos anos 60, com Roman Jakobson e Krystyna Pomorska Jakobson, que muito nos estimularam a prosseguir em nosso trabalho. Agora, decorridos tantos anos, só podemos acrescentar a este volume enriquecimentos, que não implicam

---

5. Publicado pela Tempo Brasileiro em 1967; edição ampliada, Perspectiva, 1982; nova edição, Perspectiva, 1983.

uma virada radical na visão que tínhamos, na década de 1960, da poesia russa moderna: essencialmente, nossa perspectiva continua a mesma.

Como fizemos no caso da reedição de nosso Maiakóvski, gostaríamos de dedicar à saudosa memória de Roman Jakobson esta Antologia, acolhida por ele com tanta generosidade na ocasião de sua primeira publicação.

BORIS SCHNAIDERMAN
São Paulo, 1985

NOTA DOS TRADUTORES

Os poemas constantes desta Antologia foram traduzidos segundo dois percursos diferentes. Ou foram vertidos diretamente do original por Augusto ou Haroldo de Campos, e em seguida revistos por Boris Schnaiderman, ou foram traduzidos literalmente por este e depois retrabalhados, em confronto com o original, por um dos dois poetas da equipe. Neste último caso, o nome de Boris Schnaiderman é acrescido ao dos poetas, no registro da autoria da tradução, ao fim de cada peça.

Note-se que de um poema, "À Vida", de Marina Tzvietáieva, há duas versões diferentes, que funcionam por assim dizer complementarmente com respeito à transmissão da informação estética do texto original, permitindo ainda um cotejo elucidativo de resultados diversos obtidos a partir de uma mesma teoria do traduzir. Quanto ao poema de Nicolai Zabolótski, "Vai-se o Zodíaco de Ouro", a tradução aqui apresentada resultou de um verdadeiro trabalho a seis mãos, pois incorpora soluções oferecidas por seus três signatários, unificadas num texto definitivo por Haroldo de Campos. O caso de "No Arco do Céu Aceso que Pesa", de Iliazd, também é especial, pois a solução foi obtida através de um trabalho conjunto de Haroldo e Augusto de Campos sobre a versão linear de Boris Schnaiderman.

Poemas Acrescentados a esta Edição

Vassili Kamiênski
    CiGaNa
Vielimir Khlébnikov
    Confissão
Ana Akhmátova
    Torcia os Dedos sob a Manta Escura
    Cleopatra
Boris Pasternak
    Contra a Fama
Óssip Mandelstam
    Vivemos sem Sentir o Chão nos Pés
Daniil Kharms
    Amiga
    Calem-se

ANDRÉI VOZNIESSIENSKI
    Alunar
    Gaivota
GUENÁDI AIGUI
    Nuvens
    Do *Caderno de Verônica*:
    Exlibris – para você – em versos
    Joia
    De novo: ao Embalar Você
    E: Círculo do Amor

ANTOLOGIA

ALEKSANDR BLOK
(1880-1921)

Era filho de um professor de Direito e de uma escritora, e neto, por parte de mãe, do Reitor da Universidade de Petersburgo. Terminou em 1906 a Faculdade de Letras daquela cidade. Ainda estudante, tornou-se famoso como poeta simbolista. Em 1903, casou-se com a filha do químico Miendieléiev. A partir sobretudo da Revolução de 1905, sua poesia passa a refletir profunda preocupação social. Na mesma época, viajou bastante pela Europa Ocidental. Depois da Revolução de Outubro, escreveu relativamente pouca poesia. O poema "Os Doze" provocou acirradas polêmicas. Enquanto muitos revolucionários consideravam esta obra como alheia ao verdadeiro espírito de Outubro, a maior parte dos amigos e antigos companheiros simbolistas de Blok passou a ver no poeta um trânsfuga, um renegado. Sua morte parece ter sido consequência das difíceis condições materiais da época. Celebrado geralmente como o poeta máximo do simbolismo russo, ele mesmo já reputava essa corrente completamente ultrapassada, pelo menos nos últimos anos de vida. Deixou também um diário muito importante, artigos críticos e peças de teatro.

Do Ciclo *Versos sobre a Bela Dama*

No templo de naves escuras,
Celebro um rito singelo.
Aguardo a Dama Formosura
À luz dos velários vermelhos.

À sombra das colunas altas,
Vacilo aos portais que se abrem.
E me contempla iluminada
Ela, seu sonho, sua imagem.
Acostumei-me a esta casula
Da majestosa Esposa Eterna.
Pelas cornijas vão em fuga
Delírios, sorrisos e lendas.

São meigos os círios, Sagrada!
Doce o teu tosto resplendente!
Não ouço nem som, nem palavra,
Mas sei, Dileta – estás presente.

1902
(Tradução de Haroldo de Campos
e Boris Schnaiderman)

FÁBRICA

No prédio há janelas citrinas.
E à noite – quando cai a noite,
Rangem aldravas pensativas,
Homens aproximam-se afoitos.

E os portões fechados, severos;
Do muro – do alto do muro,
Alguém imóvel, alguém negro
Numera os homens sem barulho.

Eu, dos meus cimos, tudo ouço:
Ele os chama, com voz de aço,
Costas curvas, sofrido esforço,
O povo aglomerado embaixo.
Eles hão de entrar à porfia,
Hão de pôr às costas o fardo.
Riso nas janelas citrinas:
Tapearam os pobres-diabos.

1903
(Tradução de Haroldo de Campos
e Boris Schnaiderman)

Do Ciclo *Dança de Morte*

Noite. Fanal. Rua. Farmácia.
Uma luz estúpida e baça.
Ainda que vivas outra vida,
Tudo é igual. Não há saída.

Morres – e tudo recomeça,
E se repete a mesma peça:
Noite – rugas de gelo no canal.
Farmácia. Rua. Fanal.

1912
(Tradução de Augusto de Campos)

Os Doze

Noite negra.
Neve branca.
Vento, vento!
Gente vacila na treva.
Vento, vento –
Varrendo toda a terra!

O vento escreve
Na neve branca.
Gelo – embaixo da neve.
É liso, rente:
O pé que passa
Desliza – pobre gente!

De casa em casa
Uma corda pende.
Sobre a corda uma faixa:
"Todo o poder à Assembleia Constituinte!"
Uma velhinha chora em voz baixa
Sem perceber o que se passa:
"Para que essa imensa faixa?"
Tanto pano desperdiçado,
Quantas roupas para as crianças,
E todo mundo esfarrapado…"

Lá vai, galinha espavorida,
A velhinha e seus tremeliques:
— Ai, Mãe-do-Céu, os bolcheviques
Vão acabar com nossa vida!

O vento açoita, voraz.
O frio corta, feroz.

Na encruzilhada o burguês
De nariz no cache-nez.

E este, quem é? Longos bandos,
Murmureja a meia voz:
— Súcia!
— É o fim da Rússia! —
Por certo, um aristocrático
Literato...

E você, onde vai nesse trote,
Enrolado no seu saiote?
Para que essa cara escura,
Camarada cura?

Você se lembra como antes
Impava, ventre para a frente,
A cruz pejada de brilhantes
No grande ventre sobre a gente?

Madame em seu astracã se
Encontra com outra dama:
– Ah, que doloroso transe...
Zás-trás, num relance
É madame que se esparrama!

    Ai, ai!
    Segura que ela cai!

Vento gaiato,
Vento espavento,
Levanta as saias,
Derruba a gente,
Rasga, rói, desfaz
O grande cartaz:
"Todo o poder à Assembleia Constituinte!"
    E palavras traz:

    ... Também fizemos nossa conspiração...
    ... Essa é a casa...
        ... Revolução...
        ... Resolução:
10 rublos a hora, 25 a noitada...
    ... Por menos ninguém dá ...
        ... Dorme comigo, vá ...

É tarde.
Tudo turvo.
Na rua
Nua,
Um velho curvo.
E o vento arde...
    Ei, carcaça!
        Vem cá,
Me abraça ...
      Pão!

De graça...
      E o futuro?
Passa!
Escuro, céu escuro.
Ódio surdo, ódio
     No peito oco.
Ódio escuro, São Ódio.
Camarada! Abre
    O olho!

2

O vento vaga, a neve dança.
A coluna dos doze avança.

Nos fuzis, uma negra tira,
E o fogo, fogo, fogo gira...

Na boca um toco, à testa um gorro,
Falta somente um ás de ouros[1].

      Liberdade, liberdade;
    Sus, sus, sem cruz!

      Tra-ta-tá!

Faz frio, frio atroz.

– Kátia e Vanka estão na taverna...
– Muita gaita entre a meia e a perna!

–Vaniuchka está cheio da nota...
– Já foi nosso, agora é da bota!

– Ah! Vankanalha de uma figa,
– Não ponha a mão na minha amiga!

      Liberdade, liberdade,
    Sus, sus, sem cruz!
    Kátia e Vanka, braços dados,
    Para que, para que abraçados?

---

1. Marca na roupa dos forçados.

Tra-ta-tá!

E o fogo, fogo, fogo gira...
Fuzil no ombro, negra tira...

Revolução, mantém o passo!
O inimigo arma o seu laço!

Ergue o fuzil, *továrich*, sem receio!
Mira na Santa Rússia, bem no meio

      Da nauseabunda,
      Gravebunda,
      Moribunda,

Sus, sus, sem cruz!

3

Nossos moços largam casa
Pelo Exército Vermelho.
Pelo Exército Vermelho
Nossos moços largam brasa!

Ah, dor-dureza!
Vida de moleza!
Fuzil austriaco,
Trapo de casaco!

Burguês, treme de terror!
Poremos fogo na terra,
Fogo no sangue – é a guerra!
    Dá-nos tua bênção, Senhor!

4

Trenó arranca, a neve risca,
Kátia e Vanka lá se vão...
Lanterna elétrica faísca
    Sobre o timão...
    Isca! Isca!

Galã de capote e bota,
Ele, cara de idiota,
Torce e retorce o bigode
    Todo janota,
    E chuchota...

Vanka – como ele é galante!
Vanka – como e bem falante!
    A Kátia ele abraça e beija
        E corteja...

A nuca enfim ela dobra,
Dentes-pérolas desdobra...
Ah, Kátia, minha garota,
Minha gatinha marota...

5

Em teu colo, Kátia, fiz
Uma linda cicatriz.
Teu seio, Kátia querida,
Tem no meio uma ferida.

      Dança, dança, bis!
      Pernas roliças de atriz!

Punhas lingerie de renda –
Quebra, requebra!
Botavas teu corpo à venda –
Bola, rebola!

      Rola, rola, meretriz!
      Meu coração pede bis!

Lembras, Kátia, o oficial?
Só por causa de uma vaca
Passou pelo meu punhal.
Tua memória anda fraca?

A minha, bisca, te diz:
Vem, vaca, bis!

Papavas finos confeitos,
Passeavas de salto alto,
Andavas com os cadetes –
Agora vais com soldados?

Também quero ser feliz:
Bis, Kátia, bis!

6

… Lá vai em doida correria
O trenó – berra e bate o guia…

– Alto lá! Nem um passo mais!
– Ajuda, André! – Petruchka, atrás!

Trac-tararac-tac-tac-tac-tac!
Contra o céu a neve estilhaça.

– Lá se vai! Vanka escapuliu!
Um tiro ainda! Arma o fuzil!

Trac-tararac! Vais aprender
....
A não roubar minha mulher!

Foge, poltrão! Passou por perto!
Mas cedo ou tarde ainda te acerto...

E Kátia? – Morta, lá, gelada,
Com a cabeça transpassada.
Contente, Kátia? Você ria...
Ri, cadáver, na neve fria!

Revolução, mantém o passo!
O inimigo arma o seu laço.

7

De novo avançam na neve
Os doze – fuzil no ombro.
Só um deles não se atreve
A erguer o rosto da sombra.

Depressa, ainda mais depressa,
Lenço amarrado ao pescoço,
Desvairado vai o moço,
Sai do compasso, tropeça.

– Ei, camarada, onde vais?
– Que te deu? O que te dói?
– Ei, Pedro, não podes mais?
Ou é Kátia que te rói?

– Camaradas, meus irmãos,
Eu a amava, realmente.
Noites negras, de paixão,
Kátia não me sai da mente.

– Por esse olhar – estopim
Que incendiou o meu peito,
Por esse sinal carmim
Sobre o seu ombro direito,
Eu a perdi, ai de mim,
Eu mesmo fiz o malfeito!

– Ei, Pedro, que choro é esse?
Ouçam só essa vitrola...
– Para que virar do avesso
A alma? Deixa de ser mole!
– Rapaz, ergue essa cabeça!
Anda, mantém o controle!

– Este não é o momento
Para servirmos de ama-
Seca do teu sofrimento.
Uma ação maior nos chama!

E Petruchka acerta o passo,
Vai de novo no compasso...

Cabeça alta, pra frente,
Ele sorri novamente...

    Eia, eia!
Enche a cara, saqueia!

Fecha o trinco, põe tranca,
Hoje, a entrada é franca!

Abre a adega, burguês,
Chegou a nossa vez!

        8

Ah, dor-dureza!
Mortal
Tédio sem remédio!

    Tempo, tempão
    Mato, mato...

    Fuzil na mão
    Cato, cato...

    Grãozinho, grão
    Parto, parto ...

    Faca, facão
    Corto, corto ...

Burguês, foge como um rato!
    Teu sangue barato
    Bebo gota a gota
    Por minha garota.

Senhor, acalma a alma de tua serva...
    Tédio!

9

Tudo é silêncio na cidade.
Torre do Neva. Tudo jaz.
Não há mais guardas. Liberdade!
Viva! sem vinho, meu rapaz!

Eis o burguês na encruzilhada,
Nariz no cache-nez, ao vento.

A seu lado, transido, cauda
Entre as pernas, um cão sarnento.

Eis o burguês, um cão sem osso,
Taciturna interrogação,

E o mundo velho – frente ao moço –
Rabo entre as pernas, como um cão.

10

A neve investe no vento.
      Ah, vento nevoento!
A gente nem vê a gente
      Frente a frente.

Neve em funil se revira,
Neve em coluna regira...

– Ah, Senhor, que noite fria!
– Ei, chega de hipocrisia!
Que te adiantou, camarada,
Essa imagem redourada?
Procura ser consciente,
Deixa desse disparate.
A Tua mão ainda está quente
Do sangue da tua Kátia!
– Mantém, revolucionário,
O teu passo vigilante!

      Avante, avante, avante,
        Povo operário!

11

… Lá se vão sem santo e sem cruz
    Os doze – pela estrada.
        Prontos a tudo,
        Presos a nada …

A mira dos fuzis de aço
Caça inimigos pelo espaço …
Até nos becos sem saída,
Lá onde a neve cai em maços
E a bota afunda, confundida,
Chega, implacável, o seu passo.

        Vermelho-aberta,
        A bandeira.

        Todos alerta,
        Em fileira.

        Arma o seu guante
        O adversário…

E a neve com seu cortante
    Açoite
        Dia e noite…

        Avante, avante,
        Povo operário!

12

... Eles se vão num passo onipotente...
– Quem vem aí? Fale ou atiro!
É o vento apenas a zurzir o
Pendão vermelho a sua frente...

Lá adiante, um monte de neve.
– Quem é? Quem está aí oculto?
Só um cachorro se atreve
A entremostrar o magro vulto...

– Some da vista, cão sarnento,
Ou eu te corto a baioneta!
Mundo velho, cão lazarento,
Desaparece na sarjeta!

Mostrando os dentes, como um lobo,
Rabo entre as pernas, segue atrás
O cão com fome, cão sem dono.
– Ei, responde, há alguém mais?

– Quem é que agita a bandeira?
– Olha bem, que noite escura!
– Quem mais por aí se esgueira?
– Saia de trás da fechadura!

– *Továrich*, te entrega logo!
É inútil. Não há saída.
– Melhor ser pego com vida,
Te entrega ou eu passo fogo!

Trac-tac-tac! – Só o eco
Responde de beco em beco.
Só o vento, com voz rouca,
Gargalha na neve louca ...

      Trac-tac-tac!
      Trac-tac-tac...

... Eles se vão num passo onipotente...

    Atrás – o cão esfomeado.
À frente – pendão sangrento,
    Às avalanches insensível,
    Às balas duras invisível,
Em meio às ondas furiosas
Da neve, coroado de rosas
    Brancas, irrompe imprevisto –
    À frente – Jesus Cristo.

JANEIRO 1918
(Tradução de Augusto de Campos)

ANDRÉI BIÉLI
(1880-1934)

Seu nome era Boris Nicoláievitch Bugáiev, mas desde cedo assumiu o pseudônimo de Andréi Biéli (*biéli* significa "branco"). Filho de um matemático famoso, cursou essa disciplina na Universidade de Moscou. Muito interessado em Filosofia, aliou o estudo de Darwin e dos positivistas ao do ocultismo e das teorias místicas de Soloviov. Viajou em 1912 para o Ocidente. Estabeleceu-se por algum tempo na Suíça, junto à capela antropossófica de Steiner, de quem se tornara adepto fervoroso. Regressando à Rússia em 1916, acolheu com entusiasmo a Revolução de Outubro, e seu poema "Cristo Ressuscitou" foi publicado na mesma época que "Os Doze" de Blok. Sua aceitação da Revolução não o impediu, contudo, de vê-la como um fenômeno místico. Revela em sua obra poética preocupações filosóficas. As pesquisas que realizou com a linguagem tornam-no um precursor dos cubofuturistas, mas, ao mesmo tempo, após o aparecimento destes, parece ter havido influência recíproca, não obstante a hostilidade que se manifestou entre modernistas e simbolistas. Biéli se afirmou também como um dos teóricos do simbolismo russo e como romancista. O mais importante de seus romances é *São Petersburgo*, escrito em 1913-1914, e cuja segunda edição, completamente refundida, saiu em 1922. Sua prosa caracteriza-se pela cadência musical, que tende a anular as fronteiras entre o romance e a poesia. Apresenta em sua obra romanesca uma técnica arrojada, no que se aproxima da vanguarda europeia da época. Deixou ainda valiosos livros de memórias.

Burla

No
Vale
Uma vez
Em sonho

Ante
Vós
Eu, –

Velho
Tolo, –

A
Tocar
Mandolina.

Vós
Ouvíeis
Atento.

E –
– O Antigo Zodíaco.

Um dia
Surraram-me
E
Me
Expulsaram
Do
Circo

Em
Farrapos
E
Em
Sangue,
A clamar —
— Por Deus!
— Deus!
— Deus!

E
Pelo —

— Amor universal.

Vós
Por acaso
Encontrastes

O palhaço
Cantante.

Parastes
Para escutar
O canto.

Vós –
Observastes

O barrete
De bufão.

Vós –
Dissestes
Convicto:

– "Este
É o caminho
Da iniciação...

Vós –
Em sonho
Mirastes

O –
– Zodíaco.

1915
(Tradução de Augusto de Campos)

A Palavra

Na febre de som
Do sopro
A treva é flama-fala.

Lá fugindo da laringe,
A terra exala.

Expiram
As almas
Das palavras não-compostas.

Deposita-se a crosta
Dos mundos que nos portam.

Sobre o mundo formado
Paira a profundidade
Das palavras proferíveis.

Profundamente ora
A palavra das palavras, Sarça viva.

E do futuro
Paraíso
Alça-se a serra adunca

Por onde em chamas, consumido,
Não passarei: nunca.

1917

(Tradução de Augusto de Campos e Boris Schnaiderman)

Canção para Guitarra

Eu
Estou nas palavras
Tão morbidamente
Mudo:
Minhas sentenças são
Máscaras.
E –
Falo
A vós todos –
  – Falo
  Fábulas, –
    – Porque –
Assim me foi designado,
A razão –
Não a entendo; –
    – Porque –
Há tempos tudo se foi no escuro,
Porque – tudo é igual:
Quer eu
Saiba ou não saiba.
Porque só há tédio em toda parte.
Porque a fábula é de esmeralda,
Onde –
Tudo é outro.

Porque há esta avidez dos borrifos
Do prazer;
Porque a difícil
Existência
Para todos –
      – Tem um só desenlace.
Porque –
    – Em suma, –
      – Para que
      Este inferno?
Porque –
    – Para todos
    Há um só fim.
E me rompe este riso
Do
Destino
De todos –
    – E –
      – De
      Mim.

1922
(Tradução de Augusto de Campos)

DE *O PEQUENO BARRACÃO DE FEIRA NO PEQUENO PLANETA "TERRA"*

12

Maldito –
      – Maldito – maldito –
            – Aquele demônio,
Que –
   – Na pátria dividida
   Quebrou
   Nossas vidas
   De terra firme – em borrifos
         de Morte, –
Que me apartou para sempre
De
Ti –
   – Para que –
      – Eu –
        – Te odiasse por isso
–E –
   – A mim!

13

Para que –
    – Boiasse
    Com um olhar que se fecha
    Através dos tempos
    Eu
    Em alguma parte
    Em meio aos borrifos da terra firme a se quebrar
                          – Com o espaço
                          E
                          A névoa, –

Para que –
    – Pingasse –
        – O Letes
        Do olvido para sempre
        Em meio aos ganidos da Morte hirta a se
        Desdobrar –
                – Com o espaço
                E
                A névoa.

14

Para que –
    – Boiasse –
        – Sobre nós –
        – Em meio aos borrifos da terra firme
        Aquele demônio, –

Que –
Para sempre –
Para sempre –
Para sempre –
Apartou-
Me
De
Ti,
    Para que –
        – Eu
            Não visse –
Em meio aos ganidos da morte que se esganiça –
                – A ti –
E –
    – Me
    Odiasse –
        – Por
        Isto!

15

Tudo se foi –
Para longe –

      – Tudo é outro:
      Não aquilo, –

Oh, sinto-me leve,
Leve –

      – Tudo – outro,
      Não aquilo, –

            – Porque –
Os olhos –
      – Choraram quanto
Havia   – Choraram tanto
Que não há mais – Pranto –
         – No escuro –
            – Olvidou-se –
            Há muito:
            – Mudou –
            Tudo –

                        – Outro:
                                Não
                                Aquilo!
Porque –
        – Creia! –
                – Porque –
                        – Agora –
                                – Eu –
                                – Mudo.

17

E soprou –
          – Nas tubas
          Da treva
          Da morte
          Lá –

          Nos torvos
          Da treva
          Do pó –

– "Olvidamos,
Nós,
Amigo, –
– Se
Somos,
Se
Amamos –
          – Um
          Ao outro!"

18

Sinto-me leve –
    – E alto,
  Alto,
  Mais alto, –

        – Voavam
        Os tempos, –
        – Morcegos –
        Em nuvens
        Voláteis –
        – Alto, alto, alto
        E mais alto –
        Com bruscos gritos
        Brutos –

          – Na altura!

19

Sinto-me leve,
Leve –
    – Tudo é outro:
    Não aquilo...
E –
  – Enormes –
      – Enormes –
          – Enormes –
Dilatados
Olhos –
  – Para –
     – O nativo –
        – Para –
        O vazio,
        Tão
        Vazio –

Para
  – O –
    Nada!

1922

(Tradução de Augusto de Campos e
Boris Schnaiderman)

DAVID BURLIUK
(1882-1967)

Poeta e pintor, foi no começo do século um dos grandes defensores das novas correntes artísticas e literárias. Estudou em escolas de arte de Kazan e Odessa. Colega de Maiakóvski na Escola de Belas Artes de Moscou, incentivou a iniciação poética do companheiro. Participou das acirradas polêmicas dos primeiros tempos do futurismo russo. As discussões em que tomou parte juntamente com Maiakóvski resultaram na expulsão de ambos da Escola, em fevereiro de 1914. Transferiu-se para o Japão em 1920 e, depois de uma longa peregrinação pelas ilhas do Pacífico, estabeleceu-se nos EUA em 1922. Residiu por muitos anos em Hampton Bays, no estado de New York, onde editava com sua mulher o almanaque *Color and Rhyme*, em idioma russo. Não deixou obra poética que se impusesse como conjunto, mas teve momentos de valor inegável como criação.

Somos jovens jovens jovens
Frio do demo no abdômen
Agora sigam-me todos...
Por trás dos meus ombros
Meu chamado consiste
Neste orgulhoso speech!
Pedra e relva mastiguemos
O doce o amargo os venenos
Abocanhando os espaços
Do mais profundo ao mais alto
A fera o monstro a mama a pluma
O vento a argila o sol a espuma!...

(Tradução de Haroldo de Campos e
Boris Schnaiderman)

VASSÍILI KAMIÊNSKI
(1884-1961)

Nascido nas proximidades de Perm, teve infância e juventude muito difíceis. Publicou seus primeiros trabalhos em 1904. Foi preso em 1905, devido à participação numa greve política. Estabeleceu-se em Petersburg em 1907. Tornou-se um dos primeiros aviadores russos. Em 1910, foi um dos organizadores do grupo dos cubofuturistas. Em 1913-1914, em companhia de David Burliuk e Maiakóvski, realizou viagens pela Rússia, com leitura de poemas e conferências. Viajou também bastante na Europa Ocidental e na Ásia. Sua poesia se distingue por um experimentalismo consciente e radical. Em 1920, publicou um poema longo ("Tzuvama"), todo em "língua transmental" (*zaúm*). Seus versos estão frequentemente no limite entre a fala e o canto, mesmo quando fazem parte de extensos poemas narrativos. Celebrou os chefes das grandes rebeliões camponesas russas em três poemas: "Stienka Rázin" (1912-1920), "Emielian Pugatchóv" (1931) e "Ivan Bolótnikov" (1934). Deixou também romances e livros de memórias.

Fez
ca
fé
   bagos de uva
      pássaros
      pássaros
      passam
      pass
      cem

                        (Tradução de Haroldo de Campos e
                                          Boris Schnaiderman)[1]

1. Trecho de poema, incluído por Krystyna Pomorska em seu livro *Formalismo e Futurismo*, já citado. Segundo ela informa, o original apareceu num dos almanaques futuristas russos, *Nagói sriedi odiétikh* (Nu entre gente vestida), Moscou, 1913. Nota à p. 99: "Jelesobetônaia Poema" (Poema de Concreto Armado), dedicado a David Burliuk, foi publicado no n. 1-2 de *Piérvii jurnal rúskikh futuristov* (Primeira revista dos futuristas russos), Moscou, 1914. No ângulo esquerdo, ao alto, lê-se a transcrição em russo de SKATING RING (rinque de patinação), expressão que funciona como um subtítulo ou chave semântica de todo o poema. As palavras se agrupam em sequências por acréscimo de letras ou em blocos associativos. Veja-se, como exemplo, o segundo enquadramento (à direita, no alto da página): *liútsia* (fluem) *liki* (semblantes) *klíki* (clamores, chamados) *róliki* (patins de todas) *króliki* (coelhos) *koróliki* (reizinhos) *jurtchéi* (neologismo: comparativo de superioridade derivado de *jurtchânie*, murmúrio) *jurtchânii* (dos murmúrios) *stóliki* (mesinhas; a palavra pode ser decomposta em *sto*, cem, e *liki*, semblantes) *snieg* (neve) *li* (partícula interrogativa) *i* (vogal idêntica à latina e que seria suprimida do alfabeto russo em 1917).

ЖЕЛЕЗОБЕТОННАЯ ПОЭМА

Д. Бурлюку.

1914

ВЫЗОВ

КАК*Ф*Нію ДУШи
МоТОрОВ *симфонію*
　　—— Ф р р р р р р р р
это Я это Я
ф у т у р ꙳ С т - П Е С Н Е Б О Ё Ц и
ПИЛОТ-АВIАТОр *)
В А С И Л і Й К А М Е Н С К I Й
　　эЛаАсТичНыМ пРопеЛерОм
ВВИНТИЛ ОБлА꜀А
киНув Т А М
　　з а в и з и т
ДряБлоЙ смерти КОКОТКш
　　　из ЖалоСти сшитое
ТАнгОВое МаНтО и
　　ЧУЛКИ с
　　　　ПАиТАЛОНАМИ

*) диплом ИМПЕРАТОРСКАГО всероссійскаго Аэроклуба № 07 выдан 9 ноября 1911 г.

DESAFIO

CACºFºNia da ALMa

sinfonia de MoTOrES

——— f r r r r r r r r

sou E**U** sou E**U**

f u t u r·-S t a - **C A N T O L U T A D O R** e

PILOTO-AVIADOR *)

U A S S Í L i K A M I Ê N S K I

cOm hÉLicE eLaÁsTiCa

APARAFFUSEI AS *N*UvENs

laNçando L Á Á

d e v i s i t a

à FIÁcIdA morte **COCOT**ш

bordado de PiedAde

um MaNtO de TAngO e

MEIAS com

P A n T A L O N A S

1914
(Tradução de Augusto de Campos)

---

* Diploma do Aeroclube pan-russo IMPERIAL n. 67, entregue em 9 de novembro de 1911.

ЦыГаНкА

ВОЛЯ-РАСТёГНУТА
СЕРДЦЕ—без ПОЯСА
МЫСЛИ—-без ШАПКИ в
РАЗГУЛЬНОЙ душЕ
РАЗЛИЛИСЬ Б е Р е Г а

ДРОВ **2** охапки

РУЖЬЕ и ТопоР и
ОЛЕНьи РОГА
шаТеР и КосТёР и
ОСТРА оСТРТОГА
ПЛЯШИ с бубенЦоМ и Колдуй
Я ОХОТНИК ——— тЫ на ЛовцА
        заБлудилась ОвцА
                п о ц е л у й
ПОДАри МНЕ *дырявую шаль*
ВОЗЬМИ моЮ *шкуру* МЕДВЕЖЬЮ
ПРИХОДИ еЩе НОЧЕВАТЬ
С ПЕСНЯМИ КОЧЕВАТЬ
ЖИзнЬ — ВОСКРЕСЕНІЕ
ГЛАЗА ТвОи—ГОЛОВНИ
ГУБЫ—ВишНи РАЗДАВЛЕНы
Груди ЗЕМЛЕтрЯСЕНІЕ

CiGaNa

VONTADE–DESABoTOADA
CORAÇÃO — sem COURAÇA
IDÉIAS — sem CHAPÉU na
almA DESATADA
as M a R g E n S TRANSBORDARAM
LENHA 2 braçadas
ESPINGARDA e MachadO e
GALHAS DE RENA
teNdA e FogUeirA e
ARPÃO em fARPA
DANÇA com castanHolas Feiticeira
SOU CAÇADOR ——— éS ao que CaçA
            desGarrada CorçA
                u m   b e i j o
DÁ–ME o *xale esburacado*
EIS miNHA *pele de URSO*
VEM tresNOITAR MEU CURSO
VADIAR COM CANÇÕES
A VIda É UM DOMINGO
TeUs OLHOS — DOIS CARVÕES
LÁBIOS — CEREJAS EsmagadAs
Os SeioS um TERReMOTO

                                1914
                (Tradução de Augusto de Campos)

De *Stienka Rázin*[1]

Pára, barbudo!
           Repara:
Rázin!
         Redutos se rendem: Tzarítzin,
                      Kamíchin.
Agora alegra,
          refrega:
                Samara,
                Kazan,
                Saratov.
Rázin revel
          recolhe o mel.
Ah! Soleiras
          desertas de nobres,
Ah! Roteiros
          cobertos de pobres.
Ah...
Alto
Lá!
Olha!

1. Stiepan (diminutivo "Stienka") Rázin foi o chefe da rebelião cossaca na região do Volga em 1667-1671.

                        Ei-
                        La!
                                Tralha!
                                Para!
                                Gentalha!
Viemos certos
                na reta rota,
Viemos diretos
                mirar o Volga:
Largo.
        Liso.
                Lasso.
Quem
    vem
        lá?
                Ouça!
                        Passos:
Um homem
            no sol
                    com seu alfange,
O homem
        plange –
                rouxinol:
                        "Vida de ferro!
                        Cimitarra
                        Lâmina fina
                        Lança da Índia.

Estendo
        – leve e ligeiro –
Minha tenda
            sobre um pinheiro.
E gargalho.
      Se calha,
            gralho
                  em meu galho.
                        Machado
                              e acha:
                              na gralha!

Minha casa?
            Resina em brasa.
Silvo entre quatro dedos:
                  o mocho murcha de medo.
(Tatala no ramo
            seu remo de asa).
                        Gente?
                        Não vejo,
                        Nem invejo..."
Cuspia copias contente:
                  "Mu-u-jo,
                  Boi de lavoura.
                  Estufo
                  De tanta cenoura.

Meus inimigos
        escorno.
Velha mãe
        é um tronco
                franzido.
Agora sigo
        lascando ramos
                mascando sorva.
Mãe vigorosa – terra.
        Vida férrea."

Tente
Manha
Ver se o
Apanha.
    – Para trás!
   Senão – zás!
   Sorridente
   Mas
   Faca nos dentes,
            Nas patas
            Garras
            De cimitarras.

Olho solerte
Pra todo lado,

Bicho esperto,
         Pulo de gato.
Fica na espia,

        Espreita,
        Esquadrinha:
Vem vindo ali
      caça
          de raça?
Presa
   de preço
        estou vendo ali?
Prepara o assalto,
Quando num salto:
          "Avante
          Valentes!
          Rápido!
          Aos barcos!"
Dispostos
     nos postos,
Buracos,
Barrocas,
Gente cinzenta.
        Gente em penca.
Tropa de trapos –
        Gente em farrapos.

O Volga voga:
                essa gente corre
Para a morte.
Por outros homens,
                cisnes-homens,
Homens com fome,
                que o açoite come,
                Gentalha,
                Onde estás,
                          escumalha da Rússia?
                Tanto custa
                      a represália?
                Pelos séculos
                Quando cairão os ferros
                Férreos
                Dos servos?
Voga em teu voo,
            volante Volga,
Guarda o bivaque,
            vigia e vela:
Em tuas vagas
        – materno pulso –
Sempre haveremos
            de achar impulso.

                          1912-1920
                (Tradução de Haroldo de Campos)

De *Ivan Bolótnikov*

Ei! Ei! Ei!
        Bandas de cor brilham.
Ei! Ei! Ei!
        Bandos rodopiam,
                pares kamárinskis[1].
Clareira da mata –
        mais doce que uma torta.
Honesta comarca –
        em torno se alvoroça.
Ei! Ei! Ei!
    Eiam,
        buliçam –
            não toques no que é nosso.
Farreiam,
    espiam –
        a quem? Não posso...
Mais gula,
    menos gula –
        jubila a clareira.
Isca
da festa –
    Juntam-se três aldeias.

---

1. Kamárinskaia: dança popular russa.

Moças
  se enfeitaram –
    todas de flores vivas.
Achas de pinheiro
   fumaçam,
    todo o dia.
Assaram,
  tostaram –
    perderam a conta.
   Casa?
    Não casa?
   Ao noivo sua noiva.
Chamar para o casório?
    Quem ouve o pregoeiro?
Da casa senhorial
   safou-se
    o derradeiro
Casamenteiro.

1934
(Tradução de Haroldo de Campos e
Boris Schnaiderman)

VASSÍLI KANDÍNSKI
(1866-1944)

Sendo um dos grandes nomes da pintura moderna, deixou também vários trabalhos teóricos e poemas em alemão e russo. Quando jovem, pretendeu dedicar-se às ciências exatas e, depois, ao Direito, e viajou muito. Fixou-se em Munique em 1896. Suas primeiras obras são paisagens com a marca do impressionismo. A partir de 1908, sob o impacto da arte dos ícones, produz desenhos e aquarelas que se afastam cada vez mais do figurativo. A partir de 1910, torna-se um pintor francamente abstrato. De volta a Moscou em 1914, foi professor e, após a Revolução de 1917, teve diversos encargos ligados com artes plásticas. Promoveu, em 1920, a fundação da Academia Russa das Ciências e das Artes. Tornou a deixar a Rússia em 1921, para lecionar na Bauhaus, em Weimar e Dessau (1922-1932). Após o advento do nazismo, estabeleceu-se em Paris em 1933. Muito preocupado com a relação entre o pictórico e a expressão verbal, seus poemas estão marcados, tal como sua pintura, pela pesquisa dos ritmos.

VER

O Azul, o Azul se alçava, se alçava e caía.
O Agudo, o Fino assobiava e penetrava, mas não saía.
De todos os lados ressoava.
O Marrondenso como que suspenso para sempre.
        Penso. Penso.
Abre ainda mais amplo os braços.
        Amplo. Amplo.
Cobre o teu rosto com um lenço vermelho.
E pode ser que nada se tenha ainda movido:
                      só você se moveu.
O branco salto após o branco salto.
E após o branco salto ainda um branco salto.
E neste branco salto um branco salto. Em cada
                branco salto um branco salto.
E este é o mal, é que não vês o turvo:
                    no turvo é que ele está.
É aí que tudo começa ……………………………..
…………………… Rompeu-se …………………

1913
(Tradução de Augusto de Campos)

VIELIMIR KHLÉBNIKOV
(1885-1922)

Filho de eminente ornitologista, estudou Física e Matemática e, depois, Ciências Naturais na Universidade de Kazan. A partir de 1908, continuou seus estudos científicos em Petersburgo. Em 1909, iniciou o aprendizado de sânscrito na Faculdade de Línguas Orientais, de onde se transferiu para a de Letras, a fim de estudar Eslavística. De 1910 em diante, dedicou-se inteiramente à literatura. Os contemporâneos deixaram depoimentos impressionantes sobre a sua incapacidade para a vida prática e o seu integral devotamento à poesia. Depois de frequentar agrupamentos simbolistas e acmeístas, uniu-se aos primeiros futuristas russos, que reconheceram nele um precursor e um mestre. Tal como os demais cubofuturistas, teve posição favorável à Revolução de Outubro. Em 1921, participou da campanha do Exército Vermelho na Pérsia. Estabelecendo-se a seguir no Cáucaso, foi vigia noturno, o que lhe proporcionou situação material melhor. Desejando publicar suas últimas obras, transferiu-se para Moscou, então presa da fome. Malsucedido nessas tentativas, regressou ao Sul com a saúde completamente abalada. Sua morte passou quase despercebida, o que provocou um artigo indignado de Maiakóvski. Somente em 1928, saiu uma edição de suas obras, em cinco volumes, que seria completada com inéditos em 1940. Por muitos anos, seu nome ficou excluído de enciclopédias e histórias da literatura. Atualmente, porém, está generalizado o reconhecimento do seu papel decisivo como renovador da poesia russa, multiplicam-se traduções de sua obra. No centenário de seu nascimento, houve na Rússia diversas edições de seus escritos e que atingiram grandes tiragens. Apareceram também alguns inéditos. Organizou-se em Moscou a Sociedade Vielimir Khlébnikov, cujo boletim se publica desde 1996.

Tempos-juncos
    Na margem do lago,
Onde as pedras são tempo,
Onde o tempo é de pedra.
    No lago da margem,
Tempos, juncos,
Na margem do lago,
    Santos, juntos.

1908 ou 1909
(Tradução de Augusto de Campos e
Boris Schnaiderman)

ЗАКЛЯТІЕ СМѢХОМЪ.

Ор. 2.

О, разсмѣйтесь, смѣхачи!
О, засмѣйтесь, смѣхачи!
Что смѣются смѣхами, что смѣянствуютъ смѣяльно,
О, засмѣйтесь усмѣяльно!
О разсмѣшищъ надсмѣяльныхъ—смѣхъ усмѣйныхъ смѣхачей!
О изсмѣйся разсмѣяльно смѣхъ надсмѣйныхъ смѣячей!
Смѣйево, Смѣйево,
Усмѣй, осмѣй, смѣшики, смѣшики,
Смѣюнчики, смѣюнчики.
О, разсмѣйтесь смѣхачи
О, засмѣйтесь смѣхачи!

Викторъ Хлѣбниковъ

Nota: Primeira impressão *Zakliátie Smékon* (Encantação pelo Riso) na revista *Estúdio dos Impressionistas* (1910). A ortografia da época lhe enriquece a visualidade tipográfica.

Encantação pelo Riso

Ride, ridentes!
Derride, derridentes!
Risonhai aos risos, rimente risandai!
Derride sorrimente!
Risos sobrerrisos – risadas de sorrideiros risores!
Hílare esrir, risos de sobrerridores riseiros!
Sorrisonhos, risonhos,
Sorride, ridiculai, risando, risantes,
Hilariando, riando,
Ride, ridentes!
Derride, derridentes!

1910
(Tradução de Haroldo de Campos)

O Grilo

Aleteando com a ourografia
Das veias finíssimas,
O grilo
Enche o grill do ventre-silo
Com muitas gramas e talos da ribeira.
– Pin, pin, pin! – taramela o zinziber[1].
Oh, cisnencanto!
Oh, ilumínios!

1908 ou 1909
(Tradução de Augusto de Campos e
Boris Schnaiderman)

---

1. Do russo *zinziver.* Segundo nota do autor, passarinho que habita margens de rio.

Elefantes batiam-se a golpes de marfim:
pareciam talhados na pedra branca.
Cervos entrecruzavam seus galhos:
pareciam travados por antigas núpcias
em mútua paixão e mútua infidelidade.
Rios desaguavam no mar:
o braço de um afogava o colo do outro.

1911
(Tradução de Augusto de Campos)

Cinzerário
Langorário
Frigidário
Placitudinário
Larguesco
Longuesco
Altesco
Profundesco
Horresco
Gigantesco[1]

(Tradução de Haroldo de Campos e
Boris Schnaiderman)

---

1. Texto não datado, extraído do livro de Krystyna Pomorska, *Formalismo e Futurismo*, *op. cit.*

Bobeóbi cantar de lábios,
Lheeómi cantar de olhos,
Cieeo cantar de cílios,
Stioeei cantar do rosto
Gri-gsi-gseo o grilhão cantante.
Assim no bastidor dessas correspondências
Transespaço vivia o Semblante.

1912
(Tradução de Haroldo de Campos)

O Cavalo de Prjeválski[1]

Perseguido – Por alguém? Que sei? Não cuido.
Pela pergunta: uma vida, ... e beijos, quantos?
Pela romena, dileta do Danúbio,
E a polonesa, que os anos circuncantam.
– Fujo para brenhas, penedias, gretas,
Vivo entre os pássaros, álacre alarido.
Feixe-de-neve é o revérbero de aletas
De asas que brilharam para os inimigos.
Eis que se avistam as rodas dos fadários,
Zunido horrível para a grei sonolenta.
Mas eu voava como roca estelária
Por ígneas, não nossas, ignotas sendas.
E quando eu tombava próximo da aurora
Os homens no espanto mudavam a face,
Estes suplicavam que eu me fosse embora,
Outros me rogando: que eu iluminasse.
Para o sal, para as estepes, onde os touros
Pastam balouçando chifres cor de treva,
E para o norte, para além, onde os troncos

---

1. Este título, que se consagrou, parece que não foi dado pelo poeta, mas pelo seu amigo David Burliuk. Segundo informação da *Enciclopédia Britânica,* o cavalo de Prjeválski é a única espécie conhecida de cavalo selvagem; foi descoberto por M. M. Prjeválski, explorador russo da Ásia Central.

Cantam como arcos de cordas retesas,
Coroado de coriscos o demônio
Voava, gênio branco, retorcendo a barba.
Ele ouve os uivos de hirsutas carantonhas
E o repicar das frigideiras de alarma.
"Sou corvo branco – dizia – e solitário,
Porém tudo, o lastro negro dos dilemas,
A alvinitente coroa de meus raios,
Tudo eu relego por um fantasma apenas:
Voar, voar, para os páramos de prata,
Ser mensageiro do bem, núncio da graça".

Junto ao poço se estilhaça
A água, para que os couros
Do arreio, na poça escassa,
Reflitam-se com seus ouros.
Correndo, cobra solerte,
O olho d'água e o arroio
Gostariam, pouco a pouco,
De fugir e dissolver-se.
Que assim, tomadas a custo,
As botas de olhos escuros
Dela, ficassem mais verdes.
Arrolos, langor, desmaios,
A vergonha com seu tisne,
Janela, isbá, dos três lados
Ululam rebanhos pingues.

Na vara, baldes e flor,
No rio azul uma balsa.
"Toma este lenço de cor,
Minha algibeira está farta".

"Quem é ele? Que deseja?
Dedos rudes, mãos de fera!
É de mim que ele moteja
Rente à choupana paterna?
Que respondo, que contesto,
Ao moço dos olhos negros?
Cirandam dúvidas lestas!
E ao pai, direi meu segredo?"
"É minha sina! Me abraso!"
Por que buscamos, com lábios,
O pó, varrido das tumbas,
Apagar nas chamas rubras?

Eis que para os píncaros extremos
Ergo voo como o abutre, sinistro.
Com mirada senil considero o bulício terreno
Que, naquele instante, eu diviso.

1912
(Tradução de Haroldo de Campos e
Boris Schnaiderman)

Quando morrem, os cavalos – respiram,
Quando morrem, as ervas – secam,
Quando morrem, os sóis – se apagam,
Quando morrem, os homens – cantam.

1913
(Tradução de Haroldo de Campos)

Eis-me levado em dorso elefantino,
Palanquim no elefante virgem-fúmeo.
Todas-me-amando, novo Vixnu,
Tramam, miragem nívea, o palanquim.

Músculos de elefante, balançai,
Armadilhas de caça, magníficas,
Para que sobre a terra a que descai
Agora tombe em tromba de carícias.

Brancas miragens, vós, com manchas negras,
Mais brancas do que a flor da cerejeira.
Vossas formas fremindo estão retesas
E flexíveis como plantas da treva.

Eu, no elefante branco, Bodhisattva,
Vou como antes, tenro, pensativo.
A virgem que me vê responde grata
Com flamas que são feitas de sorrisos.

Sabei que ser o peso elefantino
Jamais, em parte alguma, foi vergonha.
Trançai-vos em cerrado palanquim,
Ó vós, enfeitiçadas pelo sonho.

Difícil imitar a pata larga.
Difícil ser o dente no seu curvo.
Cantos, coroas, santo som da flauta:
Conosco, sobre nós, o Olhiazul.

1919(?)[1]
(Tradução de Haroldo de Campos)

---

1. Texto encontrado entre os rascunhos do poeta e estabelecido por N. Khárdjiev. Escrito provavelmente em 1913, sob a inspiração de uma miniatura indiana antiga, foi publicado somente em 1940, num livro de inéditos do poeta. O cineasta S. M. Eisenstein, que não poderia ter conhecido esses versos, impressionado com a mesma miniatura, reproduziu-a, com um comentário, em seu ensaio *Montagem* 1937, editado postumamente em 1964.

Hoje de novo sigo a senda
Para a vida, o varejo, a venda,
E guio as hostes da poesia
Contra a maré da mercancia.

1914
(Tradução de Augusto de Campos)

Herdades noturnas, gengiscantem!
Crépitai, bétulas azuis!
Albas da noite, zaraturvem
Ao céu cerúleo mozarteante!
Goyam trevas como nuvens!
Roops[1] é um cirro soturno!
Voa uma tromba de risos,
Enfrento firme o verdugo,
Gargalham garras de gritos,
E em torno o silêncio escuro.
A mim convoco os valentes,
Saem dos rios os afogados,
O miosótis, estridente,
Declama a velames pardos,
Gira o eixo cotidiano,
Move-se a massa vespertina,
Nas águas da noite vogando
(Sonho) uma carpa-menina.
Mamáj[2] – pinhos ao vento!

---

1. O pintor e gravador belga Félicien Roops.
2. O cã tártaro Mamáj (ou Mamai), cujo exército foi derrotado pelos russos no campo de Kulikovo. Essa batalha marcou o início da libertação da Rússia do jugo tártaro.

Nuvens nômades de Bati![3]
Como cains do silêncio
Palavras santas se abatem.
Passo tardo, cercado de tropas,
Asdrúbal azul vai ao baile das rochas.

1916
(Tradução de Haroldo de Campos)

---

3. Cã mongólico, fundador da Horda de Ouro; invadiu a Rússia em 1236.

Anos, países, povos
Fogem no tempo
Como água corrente.
A natureza é espelho móvel,
Estrelas – redes; nós – os peixes;
Visões da treva – os deuses.

1916 (?)
(Tradução de Augusto de Campos)

Neste dia de ursos cerúleos
a correr sobre cílios tranquilos
transvejo para além da água azul
o acordar na taça das pupilas.

Na colher de prata de olhos latos
vejo a procelária em mar sonoro
e ao largo vai a Rússia dos pássaros
transvoando entrecílios ignotos.

Marventoso em celamor soçobra
a vela de alguém na azul esfera,
e eis que o desespero tudo engolfa
trovão e porvir de primavera.

1918
(Tradução de Haroldo de Campos e
Boris Schnaiderman)

Eu vi
Um vivo
Sol
Ou tom no
Outono
Só no
Sono
Azul.
Enquanto
Do canto
Dos teus calcanhares
Calças os ares
Para o novelo
Da nebulosa,
Teu cotovelo
Em ângulo alvo
Alteando aos lábios.
Abril,
Abrir
A voz
Às provas
De
Deus.

Consonha
Em voo
Aberto
O abeto,
Colhe os
Olhos
Azuis
Com os laços
Das sobrancelhas
E dos pássaros
Cerúleos.
No anil
Há mil.

1919
(Tradução de Augusto de Campos e
Boris Schnaiderman)

Uma vez mais, uma vez mais
Sou para você
Uma estrela. Ai do marujo que tomar
O ângulo errado de marear
Por uma estrela:
Ele se despedaçará nas rochas,
Nos bancos sob o mar.
Ai de você, por tomar
O ângulo errado de amar
Comigo: você
Vai se despedaçar nas rochas
E as rochas hão de rir
Por fim
Como você riu
De mim.

1919-1921
(Tradução de Augusto de Campos)

Vento – canção.
De quem? De quê?
Tensão
Da espada por ser esfera.
Gente acalenta o dia do fim
Como flor de estufa.
Nas cordas dos gigantes – creiam –
Agora rufa o Oriente.
Talvez um orgulho novo
Nos dê o mago das montanhas
E, guia do meu povo,
Vestirei a razão
Como geleira branca.

1920

(Tradução de Augusto de Campos e
Boris Schnaiderman)

O Único Livro

Vi que os negros Vedas,
o Evangelho e o Alcorão,
mais os livros dos mongóis
 em suas tábuas de seda
– como as mulheres calmucas todas as manhãs –
ergueram juntos uma pira
de poeira da estepe
e odoroso estrume seco
e sobre ela pousaram.
Viúvas brancas veladas numa nuvem de fumo,
apressavam o advento
do livro único,
cujas páginas maiores que o mar
tremem como asas de borboletas safira,
e há um marcador de seda
no ponto onde o leitor parou os olhos.
Os grandes rios com sua torrente azul:
– o Volga, onde à noite celebram Rázin;
– o Nilo amarelo, onde imprecam, ao Sol;
– o Yang-tze-kiang, onde há um denso lodo humano;
– e tu, Mississípi, onde os ianques
trajam calças de céu estrelado,
enrolando as pernas nas estrelas;

– e o Ganges, onde a gente escura são árvores de ciência;
– e o Danúbio, onde em branco homens brancos
de camisa branca pairam sobre a água;
– e o Zambeze, onde a gente é mais negra que uma bota;
– e o fogoso Óbi, onde espancam o deus
e o voltam de olhos para a parede
quando comem iguarias gordurosas;
– e o Tâmisa, no seu tédio cinza.
O gênero humano é o leitor do livro.
Na capa, o timbre do artífice –
meu nome, em caracteres azuis.
Porém tu lês levianamente;
presta mais atenção:
és por demais aéreo, nada levas a sério.
Logo estarás lendo com fluência
– lições de uma lei divina –
estas cadeias de montanhas, estes mares imensos,
este livro único,
em cujas folhas salta a baleia
quando a águia dobrando a página no canto
desce sobre as ondas, mamas do mar,
e repousa no leito do falcão marinho.

1920

(Tradução de Haroldo de Campos)

Louvação do Ele

Quando o vasto peso dos barcos
Vazava sobre o peito,
Dizíamos: é o laço
Na cerviz dos barqueiros.
Quando a fúria das pedras rápidas
Lançava-se, folhas, no vale,
Dizíamos: é o levante
Das lápides, avalancha,
Quando o baque das ondas espadanava a morsa,
Dizíamos: são látegos.
Quando o caçador, esquis noturnos,
Deixava uma pista sobre o gelo,
Dizíamos: são listras.
Quando a onda lambia o remo
Levando o fardo do homem,
Dizíamos: é o leme.
Quando o alce detinha os cascos
Largos na vasa do pântano,
Dizíamos: é a lama.
Galhos amplos, rena e gamo?
Dizíamos: líquenes, lianas.
Atrás do navio rascante
Vi a hélice – curva lâmina –

Pulsando as águas em ritmo:
E o raio, caindo n'água, esquecia o abismo.
Quando a placa na cota de malha
Parava as flechas e a lança,
Dizíamos: é a liça.
Quando a folha das flores, lisa,
Leva num lance a luz que libra,
Dizemos: folha longilínea.
Quando as folhas se multiplicam,
Dizemos: selva, labirinto.
Quando a andorinha, asa longa,
Brilha qual poça lazúli
E toda líquida a ave se alaga
Lábil na folha que a equilibra,
Dizemos: é livre,
E o olho impostor lucila.
Quando no leito me largo,
Verde lençol, leiva ou lomba,
Sou lenho ao léu, levitando,
E o langor meu corpo toma.
Langue, lasso, lenho ao léu
– Lento lazer – Quem sou eu?
Quando os dedos nas mãos sem luvas
Fundiam-se à brisa breve,
Dizíamos: o alísio não lufa.
Quando a água virava ardósia,

Chão de espelho, todo gelo,
Dizíamos: é a lousa.
O gelo é uma água de louça.
Quem quando corre não leva
O corpo deitado, mas em pé,
É gente: láurea? labéu?
Na água a colher, não a língua.
Vindiço entre as feras, único,
Reta coluna feito olmo,
Não como a dos bichos todos.
Bípede ereto, bicho-homem,
Teu nome a húmus se liga.
Onde os dedos se espalmam em lago,
Dizemos: gesto largo.
Quando somos leves, levitamos.
Quando – flama, ama – somos leves, louvamos.
Humanos, amamos. Libamos, libramos.
ELE – são Lolas, Lélias.
Se elevam pontos, lufando,
ELE – raio na balança,
Mastro de barco, lastro.
Listra de chuva e laguna.
ELE – pênsil ponto que se lança
Detido por um lhano
Plaino.
No amor flama um nome

E o lema: "ama os homens".
Homem, lembra: teu nome, teu lema.
Mãe. Lágrimas de chuva.
Criança. Água de lagoa.
Energia motriz que míngua
De encontro à superfície
Lisa.
Eis o sistema que impele
Caladas
As forças do ELE.

1920

(Tradução de Haroldo de Campos e
Boris Schnaiderman)

De *O Presente*
Vozes e Cantos da Rua

Tzares, tzares tremiam,
Tzares, tzares tremem!
Para o ô
Para o oco da foice
Patrões,
Para o ô,
Para o oco
Patrões,
Para o ô,
Para o oco
Tzares,
O tzar,
O tzar,
O povo,
O po,
O povo,
Ferreiro;
Malha,
Malhador.
A rou,
A roupa
Rapa
Dos patrões,

Para o ô, para o ô, os tzares
Rapa
E põe
O povo.
Malha,
Malhador,
Os tza
Os tzares
Para o oco,
E que se dani
Fiquem
Na Sibé,
Na Sibéria lá nos mon,
Nos montí,
Tículos brancos de neve.
Patrões, patrões põe
Põe, põe,
Povo,
Põe,
Põe,
Povo,
Põe o tzar branco,
Põe o tzar branco!
O tzar branco!
O tzar branco!
– O tzar!

E nós? – E nós olhamos, e nós, nós olhamos!
Tzares, tzares tremem!
Eles tremem, tremem!

      O grão-duque
O quê? É agora?
      (*Olha para o relógio*)
Sim, está na hora!

NOVEMBRO 1921
(Tradução de Augusto de Campos e
Boris Schnaiderman)

Confissão
(estilo rude)

Não, isto não é brincadeira!
Flores não têm olho vivo.
É destino. É destino.
Ve-ve¹, Maiakóvski! – Eu e você,
Nós, como se diz em sovietês,
Balbuciarmos num único bagulho?
Em re-so-fe-so-ru²,
No tatibitate do tatibicionário?
Fale francamente:
*Kham!*³
Sejamos orgulhosos ambos
Da severa sorte do som.
Restaremos os dois, de pé,
Junto à árvore do silêncio,
Ensopados de assobios.
Aos turcos da dúvida

---

1. Ve-Ve. Iniciais do nome de Maiakóvski (Vladímir Viadímirovitch) e dos prenomes dos dois poetas (Vielimir / Vladímir).
2. Re-so-fe-so-ru. Abreviação de República Socialista Federativa Soviética.
3. Kham. A palavra, que contém as iniciais de Khlébnikov e Maiakóvski, significa em russo "grosseiro", "canalha", "pessoa rude". É também nome próprio: o nome bíblico do filho de Noé (em português, Cam ou Cão), amaldiçoado pelo patriarca por ter contemplado sua nudez e escarnecido dela. Khlébnikov faz alusão ao livro "Griadúschi

Enxotaremos
Como Jan Sobieski[4]
Os enxotou de Viena.
Reis de Ferro,
As coroas de ferro
De Cam
Pesadamente poremos na cabeça.
E – abram-se os sabres!
Das bainhas de antanho – luzam,
Reluzam!
Jazei, dias de paz!
Psst!
Jazei, velhas jeremiadas, Mierejkóvski.
Ele gemia, pai da nossa gentileza.
Os sons são
Os instigadores da vida.
Responderemos orgulhosamente

Kham" (O Kham Vindouro), publicado em 1906 por Dmitri Mierejkóvski (1865-1941), literato russo ligado aos círculos místico-filosóficos da época. Rompendo com o regime comunista, Mierejkóvski se exilou, em 1917, em Paris, onde veio a morrer. No livro citado, ele profetizava a vitória do populacho, da canalha, na qual incluía os "futuristas". Em "Kham" ele vislumbrava a alegoria de um novo "Anticristo", um "escravo reinante", um falso rei que dominaria o mundo. As "profecias" apocalípticas de Mierejkóvski eram objeto do sarcasmo dos cubofuturistas como Maiakóvski e Krutchônikh e, como se vê, do próprio Khlébnikov, que, por sua vez profético, assume a "coroa de ferro" de Kham e a condivide com seu companheiro de lutas, Maiakóvski, em nome de todos os poetas, "presidentes do globo terrestre".
4. Jan Sobieski. Soberano polaco que derrotou os turcos às portas de Viena (1683).

Com cantos loucos
À face do céu.
Sim, o vindouro
Não é um Cão, mas nós ambos.
Construiremos rudes vigas
Sobre o enxame dos humanos

INÍCIO DE 1922
(Tradução de Augusto de Campos)

ALEKSIÉI KRUTCHÔNIKH
(1886-1968)

Nascido num povoado da Criméia, cursou a Escola de Belas Artes de Odessa. Em 1912, publicou "Jogo no Inferno", poema escrito em colaboração com Khlébnikov. Membro do grupo cubofuturista, foi um dos seus teóricos. Muito preocupado com as novas possibilidades experimentais que se abriam, elaborou um sistema peculiar de "linguagem transmental". Seus trabalhos eram editados em pequenas brochuras, de tiragem limitada, frequentemente com ilustrações de Malévitch, Kúlbin e outros artistas de vanguarda. É autor do primeiro livro sobre Maiakóvski, publicado em 1914. Na década de 1920 escreveu romances policiais em verso. A partir de 1930, publicou somente artigos isolados e guias bibliográficos. Nos últimos anos, houve grande interesse por sua obra, tanto na Rússia como no Ocidente.

Alturas[1]
(Língua Universal)

            e u ü
            i a o
        o a e e i e á
             o a
            e u i e
            i e o
        i i í i i e i i í

                    1912-1913 (?)

---

1. Para preservar o esquema gráfico do poema, usamos na transcrição fonética das vogais russas a seguinte convenção:
   e = ié
   ü = iú
   á = iá
   í = i gutural, como na pronúncia lusa de "tia".

Usina Cindida[1]

F – Fábrica
    pêndulo
    ângulo de aço
    metro e céu – de gás
    régira o giroscópio
    estralo... marcha... síncope
sob o zeiss – fustigam lâminas de rádio,
sintársis... alfa – beta – gama-raio...
o cristal desliza pelas costelas da armação
....
zarcão ... zr ... zk ... tchm ... do zinco
zoeira ... zigzag ... zás –
    zurzir – j-j-z-z-z!
– a usina toda que zune!

(Tradução de Haroldo de Campos e
Boris Schnaiderman)

---

[1]. Texto original, não datado, extraído do livro de Krystyna Pomorska, *Formalismo e Futurismo, op. cit.*

Zustos[1]

Anibalesce... Arranha-céus! Zás! Sus!
Zulus... lústreos tendões de vidro
Talos-de-bambus...

(Tradução de Haroldo de Campos e
Boris Schnaiderman)

1. A fonte original é a mesma do poema anterior.

3 poemas
escritos na
minha língua
se distinguem dos outr:
suas palavras não têm
significado preciso

N° 1 . Dyr bul chtchyl
    ubechtchur
        skum
    ví so bu
    r l ez

N° 2. frot fron iit
    não discuto amo
    língua negra
    era assim com as tribos selvagens

N° 3. Ta sa mae
    kha ra bau
    saem siiu dub
    radub mola
        al

1913
(Tradução de Augusto de Campos)

Nota: Três das palavras transliteradas têm significado em russo: *ta* = aquela, *mae* = maio (locativo de *mai*) e *dub* = carvalho.

Безсмертье.

Мцэх
Хици
Мух
Цл
Лам
Ма
Цкэ

а. Крученых

Inmortalidade[1]

MTZEKH
KHITZI
MUKH
TZL
LAM
MA
TZKE

1917
(Tradução de Augusto de Campos)

---

1. No original, Krutchônikh grafa idiossincraticamente a palavra BESMIÉRTIE (imortalidade), como BEZSMIÊRTIE, evidenciando nela a preposição BEZ (sem). Daí a grafia peculiar do título em português: IN + MORTALIDADE. A primeira linha do poema, de som estranho em russo, lembra certos nomes georgianos, como *Mtzíri* (asceta, ermitão, ou também noviço), que é o título de um poema famoso de M. I. Lermontov; *tzekh* significa oficina. Na terceira linha, MUKH é o genitivo plural de MUKHA (mosca). Na quinta, LAM, agregada à sílaba seguinte, MA, pode lembrar as palavras LAMPA (lâmpada) ou LAMA (lama, no sentido de sacerdote budista).

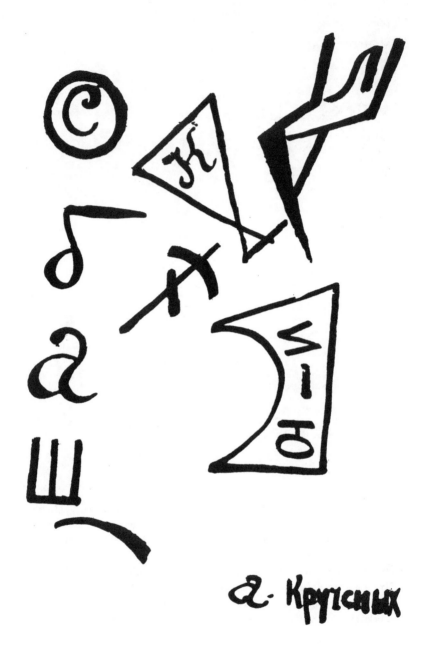

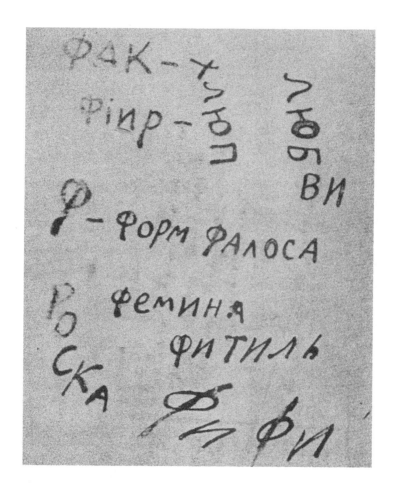

1918

Fragmento do poema de A. Ktutchônikh, "História da letra Ф".
Aparecem várias palavras com essa letra e outras contaminadas pelo poema "História da Letra Ю" (que o precede no texto original).
Diante do Ф seguido de travessão está *form fálossa* (das formas do falo). Abaixo, a transliteração de *femina* (mulher, em latim) e as palavras *fitil* (pavio) e *Fifi* (nome feminino).

Me abraçaram,
Me abrasaram
– landauandando –
no Brasil

DAMAS

no automóvel verdeanil.
....
e eu desfalecente
    petroleoescorrendo
        óleo ....
            role!
        Rendo ....

1919(?)
(Tradução de Augusto de Campos e
Boris Schnaiderman)

Fome

Lavouras trigosas viraram lenda antiga...
Tulhas de cereal estalam ressecadas
Campoentos madeireses transformados em tílias
Em lascas as maçãs das faces – magras ...
....

Na isbá, teto de furos e fumaça,
Cinco filhotes louro-palha
Esgazeiam olhos de pássaro,
Hoje sobre a mesa fumegam tijelas fartas!...

– Comam deste guisado macio,
Mas comam tudo, sem deixar vestígio,
Senão aquele silvano ruivo
(Cochila como um carneiro junto à porta do vizinho)
Vai carregar mamãe de mansinho...

A mãe falou e saiu pé ante pé...
As crianças rilhavam famintas.
De repente no caldeirão de viés
Viram braços boiando com tripas.

– Uh! Oh! – berram todas para a porta,
E agora em coro fazem: Ah!
A mãe lá estava – morta,
Pescoço azul enroscado em estopa!...

As crianças correram até a escarpa
– Carcaça semirrota atrás chuchava sopa –
Sinal-da-cruz, e como lebres na água
Se atiram para braços que abraçam...

O fato se passou perto da Páscoa...
O sangue do assassinado voltado para cima
Pedia aos homens penitência e prece.
Junto ao muro do reino celeste
A alma da enforcada se reclina...

1920

(Tradução de Haroldo de Campos e
Boris Schnaiderman)

Inverno

       Revn...
           Ivrn...
               Vnrr –
     Inverno!...
Paredes
De gelo
Regelo ...
Nevário ...
Nevário!...
Friez...
Ventez ...
V – ven – tul... Fri – u – ul...
Gelário... Gelário!...
Incruento assassinato...
 O céu tifoso – um piolho compacto!...
Agora
De seu arco oblíquo
Range uma roda
E cai –
Tudo estremece
– Febre e fragor
Clamor de vida

ESCARRANDO NAS TUNDRAS
    O SANGUE
        DAS FLORES
            AGUDAS...

– Hu – ah!... nasceu na granxa uma GARÇA
A geada escarcha – pach! – pach!
Zoam dentes zoentes...
Escava uma fossa na neve fofa –
Ah – ahn – ahn – ahn!... Astracanh!... nhá – há – há!

Tem – pes – tua... A montanha se arrasta –
    Zua – zus – zus – zua...
A entranha nos arde – arr – arr – arr!
Hulha em fúria zuiva nas furnas –
    HU-HU-HUL...
Zumbe terra, zune terra...
    Zumbetérrea... zunetérrea...
Infanto-cachorril umbigo em tiple:
    U-i-i!-U-i-i!-i!...
Cães a trenós se atarraxam
Após mil ziabos sem fio
Na cerca uma bruzxa solucha:

ZA-KHA-KHA – KHA! ah-ah!
Zu-khu-khu-khu! – uh!
PU-U-U-XA!!!
Pu-u-u-xa!

Desembesta a tempesta... Zia a ventazia...
Sobre a ossatura coriácea
Salta o xamã Xamai
    Ai!
A todos nevasca:
Inv – v-v
Grr – r-r
Vrn – n-n
    R-R-R-R!
Raz ...
Trz ...
    Vzaz –
CACHORROS
        VIRAM
                CARCAÇAS!

1926
(Tradução de Haroldo de Campos e
Boris Schnaiderman)

ILIAZD
(1894-1975)

Pseudônimo de Iliá Zdaniévitch. Nascido na Geórgia, mas de formação russa, fez parte de um grupo de vanguarda que se constituiu em Tíflis (hoje Tbilissi) e que incluía A. Krutchônikh e o pintor Michel Ledentu (apesar do nome, não era francês). Estudou Direito em Petersburgo. Ligado aos grupos de vanguarda de Moscou e Petersburgo, tornou-se em 1911 um defensor ardoroso do futurismo. Sendo um dos primeiros cultores da *zaúm*, deu a esta uma elaboração muito requintada. Pintor, estudioso da história e da cultura antiga da Geórgia, estas atividades repercutiram em sua obra poética. O seu grupo de vanguardistas georgianos foi quem descobriu e divulgou a obra do grande pintor Pirosmanichvíli. Transferiu-se para Paris em 1921, com uma bolsa do governo georgiano, então em poder dos mencheviques. A partir daí, viveu sempre no Ocidente. Participou das tumultuosas experiências da vanguarda francesa da época. Conviveu bastante com Picasso (com quem colaborou em nove livros), com Tristan Tzara, Chagall, Max Ernst, Paul Eluard, etc. Publicou em Paris livros em russo, entre os quais é famoso *Ledentu le Phare*, e ocupou-se da edição de obras importantes caídas no esquecimento, sendo particularmente notável a sua contribuição para a tipografia artística. É autor de romances e de estudos, que, além da cultura georgiana, abrangem história bizantina, viagens nos séculos XIV, XV e XVI, culturas africanas (na década de 40, esteve casado com uma princesa negra), astronomia e astrologia, etc. Grande parte de sua obra continua inédita. Outros livros seus são dificílimos de encontrar.

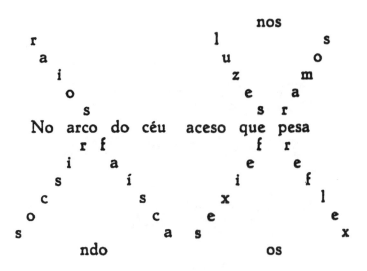

1913
(Tradução de Augusto e Haroldo de
Campos e Boris Schnaidernan)

De *Ilha de Páscoa*

Página da peça teatral *Óstrov Páskhi* (Ilha de Páscoa), de Iliá Zdaniévitch, publicada em Tíflis (hoje Tbilissi), Geórgia, 1919.
Em todo o fragmento, os blocos de letras se agrupam em torno de *khakhatun* – transcrição fônica de *khokhotun* (aquele que ri) – e *kha-kba-kha* (onomatopeia do riso). Há uma evidente relação entre esta elaboração gráfico-fonética de Zdaniévitch e a "Encantação pelo Riso", de Vielimir Khlébnikov, incluída neste livro.

ANA AKHMÁTOVA
(1888-1966)

Chamava-se A. A. Gorenko. Filha de um engenheiro naval, estudou Direito na Universidade de Kiev, e depois Literatura e História em Petersburgo. Fez parte do grupo que iniciou o movimento poético neoclássico chamado acmeísmo. Viajou em diversas ocasiões pela Europa Ocidental. Seus primeiros livros de versos tiveram acolhida muito boa. Após a Revolução de Outubro, manteve uma atitude reservada em relação à ideologia revolucionária, mas recusou-se a emigrar como fizeram muitos dos seus amigos e companheiros de posições literárias. Depois do fuzilamento do poeta Nicolai Gumilióv (1921), com quem estivera casada até 1916, publicou apenas o livro *Anno Domini MCMXXI*, permanecendo em silêncio até 1940. Sua vida ficou abalada com os períodos de perseguição política ao filho que tivera com Gumilióv. Escreveu durante a guerra versos de inspiração patriótica. Em 1946, sofreu críticas violentas e ficou impedida de publicar seus poemas, que reapareceram na imprensa na década de 1950. Foi uma representante típica da corrente neoclássica, mas com uma nota lírica peculiar, de franqueza por vezes desabusada. Ademais, não estava alheia às grandes modificações sofridas pelo verso russo. Em alguns poemas soube expressar como poucos a tragédia vivida por seu país neste século.

Lendo *Hamlet*

O cemitério. Inflete um rio anil
À direita, no vazio do terreno.
Tu me disseste:
         "Vai para um convento!
Ou se queres desposa um imbecil..."
Estas coisas só um príncipe diz,
Discurso que se grava na memória
Por séculos a fio e que desliza
Manto de zibelina pelas costas.

1909
(Tradução de Haroldo de Campos)

Dístico

Que outros me louvem – seu louvor é cinzas.
Que me reproves – teu rancor, alvíssaras.

DVUSTI'CHIE

Ot druguikh mnié khvalá – tchto zolá,
Ot tiebiá i khulá – pokhvalá.

1931
(Tradução de Haroldo de Campos e
Boris Schnaiderman)

Do Ciclo *Os Mistérios do Ofício*

Não me importa o exército das odes,
Nem o jogo torneado da elegia.
Nos versos, tudo é fora de propósito,
Não como entre as pessoas, – me dizia.

Saibam vocês, o verso, é do monturo
Que ele se alenta, sem vexame disso,
 Como um dente-de-leão pegado ao muro,
Anserina, bardana, erva-de-lixo.

Grito de zanga, um travo de alcatrão,
Um bolor misterioso que esverdinha...
E eis o verso, furor e mansidão,
Para alegria de vocês e minha.

1940
(Tradução de Haroldo de Campos e
Boris Schnaiderman)

Torci os dedos sob a manta escura...
"Por que tão pálida?" ele indaga.
– Porque eu o fiz beber tanta amargura
Que o deixei bêbado de mágoa.

Como esquecer? Ele saiu, sem reação,
A boca retorcida, em agonia...
Desci, correndo, sem tocar o corrimão,
E o encontrei no portão, quando saía.

"É tudo brincadeira, por favor,
Não parta, eu morro se você se for."
E ele, com um sorriso frio, isento,
Me disse apenas: "Não fique ao relento."

1911
(Tradução de Augusto de Campos)

Cleopatra

> *Os palácios de Alexandria*
> *Cobriram-se de sombras suaves.*
> Púschkin

Ela já beijara os lábios de Antônio, sem vida,
E chorava, de joelhos, ante Augusto, vencida...
E os servos a traíram. Sob a águia de Roma
As trombetas ressoam. E o crepúsculo assoma.

E chega o último escravo de sua beleza,
Alto e solene, num sussurro, ele pondera:
"Vão te levar para ele... em triunfo... como presa..."
Mas a curva do colo de cisne não se altera.

Amanhã acorrentarão seus filhos. Pouco lhe resta:
Brincar com este rapaz até perder a mente
E, de piedade, a víbora negra – último gesto –
Depor no peito moreno com a mão indiferente.

1940
(Tradução de Augusto de Campos)

NICOLAI ASSIÉIEV
(1889-1963)

Nascido na região de Kursk, estudou em Kursk e Moscou. Durante a Primeira Guerra Mundial, foi soldado na frente austríaca. Enviado em 1917 à Sibéria com um comboio de feridos, permaneceu alguns anos no Extremo Oriente. Regressando a Moscou, ingressou na revista *LEF* e foi amigo de Maiakóvski. Escrevendo versos desde cedo, revelou grande preocupação com as transformações que ocorriam na poesia russa. Já na década de 1910, seus poemas demonstram profunda influência das tendências de vanguarda, sobretudo de Khlébnikov. Mais tarde, o convívio com Maiakóvski haveria de reforçar essa inclinação. Nos últimos anos de vida, porém, utilizou tais recursos com certa parcimônia. É também autor de importantes estudos teóricos sobre poesia e de valiosas reminiscências.

Quando a preguiça dobra o que é terreno,
exsurge, biombo de sombra, o gamo,
o lusardo desliza, alvo, do ramo,
e na onda o cordame como um remo.

Um temor faz tremer, um vulto, alguém –
talvez um rei, talvez uma raiz...
Algo de alga, azul delíquio anis,
mas o dia no dique se detém.

Tua trança de outono – sombra, alfombra.
És parente das estrelas cadentes.

1916
(Tradução de Haroldo de Campos e
Boris Schnaiderman)

Coração Batendo Sem que se Ouça

Dias se sucedem,
                semanas se sucedem,
torvelinham,
        num galope célere;
como se cavalgássemos
                sobre um tempo de aço
voando
     – olhos abertos –
            pelo espaço.
Assim a vida,
        ela nos atravessa –
o ouvido zoa,
        o coração dispara,
como
    se quisesse
           saltar para
fora,
    – é só o que lhe resta!
Se alguém
        tenta detê-lo,
                ele se altera:
toca a rebate,
        dá por paus e pedras!

E quantas vezes
             o coração
                        explode
e não se ouve
             a explosão
                       que o sacode.

1959
(Tradução de Haroldo de Campos)

BORIS PASTERNAK
(1890-1960)

Filho de um conhecido pintor e de uma pianista de renome, estudou composição no Conservatório, período em que ficou sob a influência de Scriábin, e Filologia na Universidade de Moscou. Transferindo-se para Marburgo, Alemanha, acompanhou ali um curso do filósofo neokantiano Hermann Cohen. Tendo acolhido com entusiasmo as Revoluções de Fevereiro e Outubro, não se identificou com ulteriores desenvolvimentos políticos ocorridos na Rússia. Sua obra em prosa e verso foi atacada mais de uma vez, como expressão de um ânimo alheio à Revolução. Na fase mais aguda da repressão stalinista, teve dificuldades para publicar seus poemas e, durante muito tempo, dedicou-se principalmente a traduções, consagrando-se como um dos grandes tradutores russos de poesia, graças às suas versões das tragédias de Shakespeare, do *Fausto* de Goethe, de Rainer Maria Rilke, de Petöffi, de autores georgianos, etc. Após a liberalização que se seguiu ao XX Congresso do Partido Comunista, tentou publicar na Rússia o seu romance *Doutor Jivago*, mas este foi recusado por uma comissão de escritores. Enviou-o então ao exterior, para o editor italiano Feltrinelli. O fato não provocou qualquer represália, a não ser quando se atribuiu a Pasternak o prêmio Nobel, o que foi considerado um ato inamistoso para com a Rússia Soviética. Depois de sofrer uma violenta campanha pela imprensa, o poeta renunciou à láurea, o que não fez cessar, todavia, os ataques que lhe eram movidos. Na realidade, quando o *Doutor Jivago* foi lançado, seu autor já era um escritor de vasta obra em prosa e verso, e hoje em dia ele é respeitado na Rússia como um verdadeiro clássico do século XX. O malsinado romance contém páginas de extraordinária força poética e, ao mesmo tempo, ingenuidades de construção do argumento. Sua poesia traz a marca personalíssima de uma elaboração que soube unir tradição e vanguarda, elevação de tom e singeleza, complexidade e deslumbramento com o mundo.

O Dom da Poesia
(Fragmento)

Deixa a palavra escorregar,
Como um jardim o âmbar e a cidra,
Magnânimo e distraído,
Devagar, devagar, devagar.

1917
(Tradução de Augusto de Campos)

Sobre Estes Versos

Pelas calçadas trituro
Meio a meio, vidro e sol.
Abro no frio para o sótão,
Dou de ler aos cantos úmidos.

A água-furtada recita
A neve, por esquadrias.
Pula-pulando as cornijas
Penas, cenas, bizarrias.

Varre o fim, cobre o início,
Meses a fio, a nortada.
Me lembro que o sol existe!
E a luz, como está mudada!

Natal – pequenina pega,
E a tardinha dissoluta
Mostrou-me e à minha dileta
Quanta coisa que era oculta.

Cache-nez, rosto escondido,
Grito aos meninos lá fora:

Queridos (pelo postigo)
Que milênio soa agora?

Quem à porta rompe em rumo
Da furna, poeira só,
Enquanto eu com Byron fumo
E viro a taça com Poe?

Darial[1] me serve de abrigo –
De inferno, arsenal, paiol.
E embebo a vida no vinho.
Lábios. Tremor. Lermontov.

1917
(Tradução de Haroldo de Campos e
Boris Schnaiderman)

1. Desfiladeiro que constitui verdadeira entrada para o Cáucaso.

Minha irmã vida hoje se desborda,
Desfaz-se contra todos como chuva.
Ó gente de berloques que rabuja
E ferroa polida feito cobra!

Os bem-postos terão razões aos centos,
Mas de tuas razões quem não rirá?
Olhos e relvas roxas na tormenta
E o horizonte odora a resedá.

Quando em maio, você, estrada afora,
Lê horários de trem, – ramais floridos,
Mais grandeza que nos Livros de Horas
Há nisto, e os olhos quedos, absorvidos.

Quando apenas o ocaso réverbéra
Sitiantes à beira-ferrovia,
Percebi que a estação não era esta
E o sol-posto de mim se condoía.

Três salpicos de sino: o trem se afasta.
– Não é aqui! se desculpa, aos rechaços.
No vagão, odor de noite queimada.
Dos degraus a estepe cai para os astros.

Piscapiscando, a amada, olhos mortiços,
Fata-morgana sonhava lá fora.
O coração borrifa os passadiços
E expulsa para a estepe as portinholas.

1917
(Tradução de Haroldo de Campos e
Boris Schnaiderman)

Definição de Poesia

Um risco maduro de assobio.
O trincar do gelo comprimido.
A noite, a folha sob o granizo.
Rouxinóis num dueto-desafio.

Um doce ervilhal abandonado.
A dor do universo numa fava.
Fígaro: das estantes e flautas –
Geada no canteiro, tombado.

Tudo o que para a noite releva
Nas funduras da casa de banho,
Trazer, para o jardim uma estrela
Nas palmas úmidas, tiritando.

Mormaço: como pranchas na água,
Mais raso. Céu de bétulas, turvo.
Se dirá que as estrelas gargalham,
E no entanto o universo está surdo.

1917
(Tradução de Haroldo de Campos)

Poesia

Poesia, minha voz enrouquece
De juras sobre ti: estertor,
Não pose melíflua de cantor.
Vagão de terceira no verão,
Pareces. Subúrbio e não refrão.

Abafas como Iamskaia[1]: és maio,
Chevardin[2], o reduto noturno,
Onde nuvens exalam seus guais
e se vão, cada qual por seu turno.

E em dobro, pela trama dos trilhos, –
Arrabaldes não são estribilhos, –
Se rojam das estações à casa,
Não cantando, formas hebetadas.

Renovos que a chuva põe nos cachos
Até de manhã, num fio contínuo,

---

1. Em muitas cidades russas, havia um bairro chamado Iamskaia Sloboda (arrabalde dos cocheiros), geralmente pobre e abafado.
2. Chevardinó é o nome da aldeia onde, em 24 de agosto de 1812, teve início a batalha de Borodinó, decisiva para o desfecho da campanha de Napoleão contra a Rússia.

Pingam seus acrósticos do alto
Enquanto lançam bolhas de rimas.

Poesia, quando sob a torneira
Um truísmo é um balde de folha
Vazio, mais o jato se despeja.
Eis o branco da página: jorra!

1922
(Tradução de Haroldo de Campos)

De *1905*

Tédio de tudo.
Só tu continuas, sem desgaste.
Os dias passam,
Os anos também passam,
Milhares de anos em lufada.
Onde te escondes?
No assomo branco das ondas?
No aroma branco das acácias?
Acaso
Não és tu, mar,
Que os esmagas
Em migalhas e migalhas de nada?

Sobre redes múltiplas, danças.
Saltimbanco
De arrulho de fonte,
Madeixa em torno da orelha,
A torrente titila a popa, quase.
És o conviva das crianças.
Mas com voz de tempestade respondes.
Quando os longes
Te chamam para casa!

Espaço de antedilúvio
Raiva e regouga de espuma.
A ressaca no ágil arrasto
Satânica
Arruína os trabalhos.
Tudo por si mesmo desfaz-se
E uiva
Numa ceva de lama
Batendo estacas a esmo.

O vórtice das cores repele
A uma voz
O pano insosso das velas.
Aproxima-se a muralha da procela.
Cada vez mais o céu líquido
Desce
Oblíquo
E rola
Tocando o fundo com suas gaivotas.

Como a névoa galvânica
Das grossas
Nuvens revoltas,
Navios que balouçam
Avançam pesados para o porto.
Relâmpagos de perna azul
Saltam feito rãs no paul.

Os cordames
Para um lado e para outro
Atiram gâmbias soltas.

Agora tudo ronca e ressona.
Caranguejos grimpam como ganchos.
Para o núcleo
De um sol todo de chumbo
Flores, cabeças miúdas, pendem.
E o mar imerso em seu marulho.
A uma versta e meia de Tender
O encouraçado,
Massa cinzenta,
Borrifa-se de borbulhas laranja.

O sol desolado fechou-se.
Elétrico inflama-se o "Potiômkin".
Da cozinha ao convés
Sobe uma zoada de moscas.
Tresanda a carne podre...
No mar embutia-se a noite.
A luz resmungou até de madrugada
E se extingiu na alva ainda fosca.

Torrões de maretas matutinas
Deslizam,
Navalhas de mercúrio.

Os pés do colosso se abalam.
Mirando-as de cima
Respira o corpanzil de aço
E se anima.
Depois da prece,
A faxina:
Lavar o convés, polir a couraça.

À hora do respasto,
Ninguém ao caldeirão.
Marinheiros calados
Passam a água e pão. Súbito uma voz:
– Cada qual no seu posto!
Todos à coberta
Para os turnos de guarda!
Bilioso de raiva
O dólmã vocifera:
– Atenção!
E os setecentos homens
Debaixo do trovão.

– Descontentes?
Quem come, à panela.
Quem não come, à verga.
Para frente! –
A maruja faz: Ah!

E todos, turba-multa,
Lançam-se da popa
Até a bateria.
– Alto!
Basta!
Berra em sobressalto
O feroz apóstolo da sopa.

Parte dos fugitivos estaca.
E ele investe De través:
– Chega de negaças!
Contramestre,
A lona!
Guardas,
Ao cerco!
Acuada no encerro dos canhões
A chusma aguarda
Atônita
A hora da punição.
Corações se aceleram
E um deles:
– Irmãos,
Não suporto!
Às armas, vamos!
(Cabelos revoltos)

Fogo nos covardes!
Camaradas,
Viva a liberdade!
Passos e aços se alastram
Da coberta ao porão,

A revolta revoa.
Farfalha
À altura dos traquetes.
Então feito uma acha
Ardente
Lá embaixo
Traça um arco.
– Estes não nos escapam!
– Agora, agarrem
– Alto! –
Os miseráveis!
Rá-tá-tá-tá...
No alvo em disparada
O pincel certeiro de uma salva.

Rá-tá-tá-tá...
Balas saltam
De ponte a ponte.
Sobre as vagas
Rá-tá-tá-tá...

Sobre os corpos
Que vogam.
– Ele ainda está a bordo?! –
Rajadas n'água e no ar.
As queixas te amolam?
Ora! (Rajadas)
Pelos pés, da amurada,
Catapum!

Para o mar.
Que nade até Porto-Artur![1]

Mas na casa das máquinas
Estavam intranquilos.
Como ia a coisa pelo tombadilho?
Então,
Sombra sobre as caldeiras,
Gigante
Avança
Matiuchenko
E grita para as grades do inferno:
– Stiepa!
Nós os pegamos!

1. O ataque dos japoneses a Porto-Artur iniciara-se em fevereiro de 1904, e a praça forte rendeu-se depois de quase um ano; a revolta do encouraçado Potiômkin teve lugar em junho de 1905.

O maquinista emerge.
Ambos
Se abraçam.
– Agora vamos ter que andar sem ama...
– Quanto a isto, sossegue! Os presos,
A ferros.
Os outros,
Ao mar, e bala no couro.
Stiepa,
Um instante:
Temos um mecânico-ajudante?
– Sim! Temos um.
– Isto é bom! Que venha logo para a ponte!

Passou-se o dia.
Na outra manhã,
Envolto num velário de fumo,
Um marujo,
Porta-voz em punho,
Ordena aos marujos:
– Levantem âncora! –
A voz se evola
Na bruma espessa.

O couraçado ruma para Odessa.
Costados maciços
(Borrões de laranja)
Flamam.

1925
(Tradução de Haroldo de Campos)

A Morte do Poeta

Não queríamos crer – delírio!
Mas dois, três, todos, incessantes,
O repetiam. Ajustados no trilho
Do instante, estacavam os domicílios
De burocratas e comerciantes.
Áreas e árvores, e no alto sobre os galhos
Corvos no fumo do sol fogo
Ralhavam com esposas-gralhas:
Que não metessem o nariz no pecado
As tolas! Todas ao diabo!
Mas nos rostos, um úmido descomposto
Como nas pregas de uma rede rota.

Um dia inócuo, inócuo, mais inócuo
Que uma dezena de teus dias passados.
No vestíbulo, a turba se coloca
Em fila, premida por um disparo.

Como um jorro de lúcios e de bremas
Achatados, cuspidos das maremas
Pelo estouro de um petardo entre caniços,
Como um suspiro de tiros não-fictícios.

O leito armado sobre a maledicência,
Você dormia, agora plácido, em paz.
Vinte e dois anos, belo, e a pré-ciência
De tudo isto em teu poema quadriparte[1].

Você dormia, rosto preso ao travesseiro,
Dormia, a plenas pernas, a plenos tornozelos,
Penetrando de novo, de um só golpe,
No fabulário das legendas jovens.

E penetrando da maneira mais direta
Porque nele você entrava de um salto.
Teu disparo parecia um Etna
Sobre encostas de covardes e de fracos.

1930
(Tradução de Haroldo de Campos)

---

1. Alusão ao poema "A Nuvem de Calças", composto de um prólogo e quatro partes, escrito por Maiakóvski em 1915, quando ele tinha 22 anos.

Ah, se eu antes soubera desta sina,
Quando me preparava para a estreia,
Que há morte nestas linhas, – assassinas!,
Como um golpe de sangue na traqueia.

Os folguedos desta busca de avessos
Eu deixaria, inúteis, de uma vez –
Já tão remoto o esforço do começo,
Tão temeroso o primeiro interesse.

Mas a velhice é Roma. Não lhe peça
Que venha com estórias de ninar.
Ela exige do ator mais que uma peça,
Uma entrega total, um naufragar.

Quando o verso é um ditado do mais íntimo,
Ele imola um escravo em cena aberta.
E aqui termina a arte, o pano fecha,
Ao respirar da terra e do destino.

1932
(Tradução de Haroldo de Campos e
Boris Schnaiderman)

Hamlet

O murmúrio cessou. Subo ao tablado.
Apoiado ao umbral da porta,
Procuro distinguir no eco apagado
Os desígnios da minha sorte.

A penumbra da noite me devassa
Por trás de mil binóculos iguais.
Se for possível, Abba, meu pai,
Afasta de mim essa taça.

Amo a Tua obstinada trama
E aceito o papel que me foi dado.
Mas agora representam outro drama.
Ao menos dessa vez, deixa-me de lado.

Mas a ordem das cenas foi prevista
E a estrada chega fatalmente ao fim.
Estou só. Tudo afunda em farisaísmo.
Viver não é passear por um jardim.

1957(?)
(Tradução de Augusto de Campos)

Ser famoso não é bonito.
Não nos torna mais criativos.
São dispensáveis os arquivos.
Um manuscrito é só um escrito.

O fim da arte é doar somente.
Não são os louros nem as loas.
Constrange a nós, pobres pessoas,
Estar na boca de toda a gente.

Cumpre viver sem impostura.
Viver até os últimos passos.
Aprender a amar os espaços
E a ouvir o som da voz futura.

Convém deixar brancos à beira
Não do papel, mas do destino,
E nesses vãos deixar inscritos
 Capítulos da vida inteira.

Apagar-se no anonimato,
Ocultando nossa passagem
Pela vida, como à paisagem
Oculta a nuvem com recato.

Alguns seguirão, passo a passo,
As pegadas do teu passar,
Mas não deves dissociar
Teu sucesso do teu fracasso.

Não deves renunciar a um mín-
Imo pedaço do teu ser,
Só estar vivo e permanecer
Vivo, e viver até o fim.

1956-1960
(Tradução de Augusto de Campos)

ÓSSIP MANDELSTAM
(1891-1938)

Nasceu em Varsóvia, numa família da pequena burguesia judaica. Passou a mocidade em Petersburgo e Pávlovsk. Uma estada em Paris, em 1907, contribuiu para suscitar nele profundo interesse pelo simbolismo francês. Estudou depois Filologia e História na Universidade de Petersburgo. Sua estreia na poesia data de 1909. Durante a Guerra Civil, estabeleceu-se por algum tempo na Criméia, onde chegou a ser preso pelos "brancos". Residiu depois em Moscou e Leningrado.

Tendo escrito um poema satírico sobre Stálin, "Vivemos sem Sentir", e que era conhecido pelos seus amigos mais chegados, foi preso em 1934. Teve residência forçada em Vorôniej e tornou a ser preso em 1937. Condenado a cinco anos de trabalhos forçados, morreu na Sibéria. Seus poemas, bem como os ensaios e artigos de crítica, ficaram muito tempo sem circular. A obra de seus últimos anos subsiste graças à dedicação de sua mulher, Nadiejda Mandelstam, que também escreveu impressionantes memórias.

Nos bosques, ouropêndulas. Vogais
São a medida única dos versos.
Por ano, uma só vez, e nada mais,
Se mede a natureza com Homero.

A longa dilação já se prepara
Desde manhã: o dia abre em cesura.
Pascem os bois. E o langor de ouro para,
A meio-junco, a nota que amadura.

1914
(Tradução de Haroldo de Campos)

Insônia. Homero. Velas rijas. Naves:
Contei a longa fila até metade.
Barcos em bando, revoada de aves
Que se elevou outrora sobre a Hélade.

Uma cunha de grous cortando os céus –
Sobre a fronte dos reis cai a espuma divina –
Para onde seguis? Não fosse por Helena,
O que seria Tróia para vós, Aqueus?

O mar e Homero – a tudo move o amor.
A quem ouvir? Mas Homero está quieto
E o mar escuro, declamando, com clamor,
Ruge e estertora à beira do meu leito.

1915
(Tradução de Augusto de Campos)

A Era

Minha era, minha fera, quem ousa,
Olhando nos teus olhos, com sangue,
Colar a coluna de tuas vertebras?
Com cimento de sangue – dois séculos –
Que jorra da garganta das coisas?
Treme o parasita, espinha langue,
Filipenso ao umbral de horas novas.

Todo ser enquanto a vida avança
Deve suportar esta cadeia
Oculta de vertebras. Em torno
Jubila uma onda. E a vida como
Frágil cartilagem de criança
Parte seu ápex: morte da ovelha,
A idade da terra em sua infância.

Junta as partes nodosas dos dias:
Soa a flauta, e o mundo está liberto,
Soa a flauta, e a vida se recria.
Angústia! A onda do tempo oscila
Batida pelo vento do século,
E a víbora na relva respira
O ouro da idade, áurea medida.

Vergônteas de nova primavera!
Mas a espinha partiu-se da fera,
Bela era lastimável. Era,
Ex-pantera flexível, que volve
Para trás, riso absurdo, e descobre
Dura e dócil, na meada dos rastros,
As pegadas de seus próprios passos.

1923
(Tradução de Haroldo de Campos)

Vivemos sem sentir o chão nos pés,
A dez passos não se ouve a nossa voz.

Uma palavra a mais e o montanhez
Do Kremlin vem: chegou a nossa vez.

Seus dedos grossos são vermes obesos.
Suas palavras caem como pesos.

Baratas, seus bigodes dão risotas.
Brilham como um espelho as suas botas.

Cercado de um magote subserviente,
Brinca de gato com essa subgente.

Um mia, outro assobia, um outro geme,
Somente ele troveja e tudo treme.

Forja decretos como ferraduras:
Nos olhos! Nos quadris! Nas dentaduras!

Frui as sentenças como framboesas.
O amigo Urso abraça suas presas*.

NOVEMBRO DE 1933
(Tradução de Augusto de Campos)

* A tradução literal desta última linha equivale a: "O largo peito do ossétio" (natural de Ossétia, da Geórgia, região de origem de Stálin). Variante: "Um abraço de Ossétia às suas presas".

Do CADERNO DE VORÔNIEJ[1]

1

Como pedra do céu na terra, um dia,
Um verso condenado caiu, sem pai, sem lar;
Inexorável – a invenção da poesia
Não pode ser mudada, e ninguém a irá julgar.

Vorôniej, 20 janeiro 37

2

O que lutou contra o oxido e o bolor,
Qual prata feminina se incendeia,
E o trabalho silencioso prateia
O arado de ferro e a voz do inventor.

Vorôniej, 1937

(Tradução de Augusto de Campos)

---

1. Cidade onde Mandelstam esteve exilado.

MARINA TZVIETÁIEVA
(1892-1941)

Filha de um eminente filólogo e historiador da arte, professor da Universidade de Moscou, publicou seus primeiros poemas aos 16 anos. Opôs-se violentamente à Revolução de Outubro e exaltou em versos o Exército "Branco". Deixou a Rússia em 1922, a fim de se reunir ao marido, que fora oficial "branco" na Guerra Civil. Residiu em Berlim, Praga e Paris. Suas relações com os emigrados "brancos" foram, porém, se deteriorando, chegando ao rompimento total. Depois de manifestar hostilidade ao regime instaurado na Rússia, deu prova também de profunda oposição ao capitalismo. Quando da invasão da Tcheco-Eslováquia pelos nazistas, escreveu um ciclo de poemas que era uma denúncia veemente do fascismo. Em 1940, regressou à União Soviética, onde sofreu as vicissitudes da guerra. Suicidou-se em 1941, após o fuzilamento do marido e o internamento da filha num campo de concentração.

Concisos, ásperos, severos, de uma severidade que se alterna com certa tendência para o fluente e o musical, seus versos são certamente dos mais belos e realizados da poesia russa deste século. Deixou também reminiscências, crônicas etc.

Mão esquerda contra a direita.
Tua alma e minha alma – rentes.

Fusão, beatitude que abrasa.
Direita e esquerda – duas asas.

Roda o tufão, o abismo fez-se
Da asa esquerda à asa direita.

1918
(Tradução de Haroldo de Campos)

Do Ciclo *O Aluno*

Pelos montes – túmidos e úmidos,
Sob o sol – potente e poento,
Com a bota – tímida e humilde –
Atrás do manto – roxo e roto.

Pelas areias – ávidas e ácidas,
Sob o sol – candente e sedento,
Com a bota – tímida e humilde –
Atrás do manto – rasto e rasto.

Pelas ondas – rábidas e rápidas,
Sob o sol – idoso e iroso,
Com a bota – úmida e humilde –
Atrás do manto – que mente e mente...

1921
(Tradução de Augusto de Campos e
Boris Schnaiderman)

A Vladímir Maiakóvski

Acima das cruzes e dos topos,
Arcanjo sólido, passo firme,
Batizado a fumaça e a fogo –
Salve, pelos séculos, Vladímir!

Ele é dois: a lei e a exceção,
Ele é dois: cavalo e cavaleiro.
Toma fôlego, cospe nas mãos:
Resiste, triunfo carreteiro.

Escura altivez, soberba tosca,
Tribuno dos prodígios da praça,
Que trocou pela pedra mais fosca
O diamante lavrado e sem jaça.

Saúdo-te, trovão pedregoso!
Boceja, cumprimenta – e ligeiro
Toma o timão, rema no teu voo
Áspero de arcanjo carreteiro.

1921
(Tradução de Haroldo de Campos)

A Carta

Assim não se esperam cartas.
Assim se espera – a carta.
Pedaço de papel
Com uma borda
De cola. Dentro – uma palavra
Apenas. Isto é tudo.

Assim não se espera o bem.
Assim se espera – o fim:
Salva de soldados,
No peito – três quartos
De chumbo. Céu vermelho.
E só. Isto é tudo.

Felicidade? E a idade?
A flor – floriu.
Quadrado do pátio:
Bocas de fuzil.

(Quadrado da carta:
Tinta, tanto!)
Para o sono da morte
Viver é bastante.

Quadrado da carta.

1923
(Tradução de Augusto de Campos)

À VIDA

Não roubarás minha cor
Vermelha, de rio que estua.
Sou recusa: és caçador.
Persegues: eu sou a fuga.

Não dou minha alma cativa!
Colhido em pleno disparo,
Curva o pescoço o cavalo
Árabe –
E abre a veia da vida.

1924
(Tradução de Haroldo de Campos)

À Vida

Não colherás no meu rosto sem ruga
A cor, violenta correnteza.
És caçadora – eu não sou presa.
És a perseguição – eu sou a fuga.

Não colherás viva minha alma!
Acossado, em pleno tropel,
Arqueia o pescoço e rasga
A veia com os dentes – o corcel

Árabe.

1924
(Tradução de Augusto de Campos)

Silêncio, palmas!
Cessa o teu apelo,
Sucesso!
      Um só palmo:
Mesa e cotovelo,

Cala-te, festa!
Coração, contém-te!
Cotovelo e testa.
Cotovelo e mente.

Juventude – rir.
Velhice – aquecer.
Que tempo pra *ser*?
Para onde ir?

Mesmo num tugúrio,
Sem uma pessoa:
Torneira – murmúrio,
Cadeira – ressoa,

Boca recomenda
– Mole caramelo –
Mais uma comenda
"Pelo amor do Belo".

Se vocês soubessem,
Longe ou perto, gente,
Como esta cabeça
Me deixa doente –

Deus numa quadrilha!
A estepe é vala,
Paraíso – ilha
Onde *não* se fala.

Macho – animal,
Dono – vender!
A Deus é igual
O que me der

(Venham de vez
Dias a juros!)
Para a mudez –
Quatro muros.

1926
(Tradução de Augusto de Campos e
Boris Schnaiderman)

Nereida

Nereida! Onda!
Ela. Eu. Nós dois.
Nada além de
Onda ou náiade.

Teu nome, tumba,
Reconheço, onde for.
Na fé – o altar, no altar – a cruz.
O terceiro, no amor.

1930
(Tradução de Augusto de Campos)

Abro as veias: irreprimível,
Irrecuperável, a vida vaza.
Ponham embaixo vasos e vasilhas!
Todas as vasilhas serão rasas,
Parcos os vasos.

    Pelas bordas – *à margem* –
Para os veios negros da terra vazia,
Nutriz da vida, irrecuperável,
Irreprimível, vaza a poesia.

1934
(Tradução de Augusto de Campos)

Tomaram...

> "Os tchecos se acercavam dos alemães e cuspiam."
> Cf. Jornais de março de 1939

Tomaram logo e com espaço:
Tomaram fontes e montanhas,
Tomaram o carvão e o aço,
Nosso cristal, nossas entranhas.

Tomaram trevos e campinas,
Tomaram o Norte e o Oeste,
Tomaram mel, tomaram minas,
Tomaram o Sul e o Leste,

Tomaram Vary e Tatry,
Tomaram o perto e o distante,
Tomaram mais que o horizonte:
A luta pela terra pátria.

Tomaram balas e espingardas,
Tomaram cal e gente viva.
Porém enquanto houver saliva
Todo o país está em armas.

9 DE MAIO DE 1939
(Tradução de Augusto de Campos)

VLADÍMIR MAIAKÓVSKI
(1893-1930)

Filho de um guarda-florestal, nasceu e passou a infância na aldeia de Bagdádi, nos arredores de Kutaíssi (hoje Maiakóvski), na Geórgia. Cursou o ginásio de Kutaíssi. Após a morte súbita do pai, a família ficou na miséria e transferiu-se para Moscou, onde Vladímir continuou seus estudos. Fortemente impressionado pelo movimento revolucionário russo e impregnado desde cedo de obras socialistas, ingressou aos quinze anos na facção bolchevique do Partido Social-Democrático Operário Russo. Detido em duas ocasiões, foi solto por falta de provas, mas em 1909-1910 passou onze meses na prisão. Entrou na Escola de Belas Artes, onde se encontrou com David Burliuk, que foi o grande incentivador de sua iniciação poética. Os dois amigos fizeram parte do grupo fundador do assim chamado cubo-futurismo russo, ao lado de Khlébnikov, Kamiênski e outros. Foram expulsos da Escola de Belas Artes. Procurando difundir suas concepções artísticas, realizaram viagens pela Rússia. Após a Revolução de Outubro, todo o grupo manifestou sua adesão ao novo regime. Durante a Guerra Civil, Maiakóvski se dedicou a desenhos e legendas para cartazes de propaganda e, no início da consolidação do novo Estado, exaltou campanhas sanitárias, fez publicidade de produtos diversos etc. Fundou em 1923 a revista *LEF* (de *Liévi Front*, Frente de Esquerda), que reuniu a "esquerda das artes", isto é, os escritores e artistas que pretendiam aliar a forma revolucionária a um conteúdo de renovação social. Fez inúmeras viagens pelo pais, aparecendo diante de vastos auditórios para os quais lia os seus versos. Viajou também pela Europa Ocidental, México e Estados Unidos. Entrou frequentemente em choque com os "burocratas" e com os que pretendiam reduzir a poesia a fórmulas simplistas. Foi homem de grandes paixões, arrebatado e lírico, épico e satírico ao mesmo tempo. Suicidou-se com um tiro em 1930. Sua obra, formal e semanticamente inovadora, apresenta-se coerente, original, veemente, una. A linguagem que emprega é a do dia a dia, sem nenhuma consideração pela divisão em temas e vocábulos "poéticos" e "não-poéticos", a par de uma constante elaboração, que vai desde a invenção vocabular até o inusitado arrojo das rimas. Ao mesmo tempo, o gosto pelo desmesurado, o hiperbólico, alia-se em sua poesia à dimensão crítico-satírica. Criou longos poemas e quadras e dísticos que se gravam na memória; ensaios sobre a arte poética e artigos curtos de jornal; peças de forte sentido social e rápidas cenas sobre assuntos do dia; roteiros de cinema arrojados e fantasiosos e breves filmes de propaganda. Tem exercido influência profunda em todo o desenvolvimento da poesia russa moderna.

Quadro Completo da Primavera[1]

Folhinhas.
Linhas. Zibelinas só-
zinhas.

ISTCHÉRPIVAIUCHAIA CARTINA VIESNI

Listótchki.
Póslie strótchek lis-
tótchki.

1913
(Tradução de Augusto e Haroldo de Campos)

---

1. Este poema e o seguinte *(Balalaica)* foram escritos no verso de um retrato do poeta. O segundo permaneceu inédito até 1961, quando apareceu no 13º vol. das *Obras Completas* de Maiakóvski. Para que se perceba a sonoridade do original, acrescentou-se à tradução uma transliteração fonética de ambos. "Balalaica", depois de escrito, foi reduzido a alguns dos seus elementos essenciais; no texto, figuram entre parênteses as partes suprimidas, o que permite uma dupla leitura.

Balalaica

Balalaica
(como um balido abala
a balada do baile
de gala)
(com um balido abala)
abala (com balido)
(a gala do baile)
louca a bala
laica

Baialaica
(budto laiem oborvala
scrípki bala
laica)
(s laiem oborvala)
oborvala (s laiem)
(láiki bala)
láicu bala
laica.

1913
(Tradução de Augusto de Campos)

Teatros

O conto é sobre os grafitos no tablado
onde uma letra de um metro se aboleta,
e à noite convidam das tabuletas
as pupilas dos anúncios pintalgados.

O automóvel pinta os lábios brancos
da mulher desbotada de Carrière[1];
dois fox-terriers em chamas arrancam
peliças dos passantes na carreira.

E assim que uma pera furtaluz
rasgou na sombra as lanças dos ataques,
sobre os ramos das frisas com flores de pelúcia
dependuraram-se pesadamente os fraques.

1913
(Tradução de Augusto de Campos)

---

1. Eugene Carrière (1849-1906), pintor francês.

De Rua

Barracas – entre imagens gastas,
Bandejas sangram framboesas.
Num arenque lunar se arrasta
Sobre mim uma letra acesa.

Cravo as estacas dos meus passos,
O tamborim das ruas sente.
Lentamente os bondes-cansaços
Cruzam as lanças fluorescentes.

Alçando à mão o olho arisco,
A praça oblíqua põe-se a salvo.
O céu esgazeia ao gás alvo
O olhar sem-ver do basilisco.

1913
(Tradução de Augusto de Campos e
Boris Schnaiderman)

De Rua em Rua

Ru-
as.
As
ru-
gas dos
dogues
dos
anos
sona-
dos.
Nos cavalos de ferro
das janelas das casas que correm
saltaram os primeiros cubos.
Cisnes de pescoços-campanários,
torcei-vos nos fios do telégrafo!
No céu se grava o guache das girafas,
desaviva a ferrugem dos penachos.
Brilhante como truta
o filho
da leiva sem lavra.
O mágico
Puxa
da goela do bonde os trilhos,

oculto pelo mostrador da torre.
Estamos ganhos.
Banhos.
Duchas.
Elevador.
A dor leva o corpete da alma.
Ao corpo queimam os dedos.
Grites ou não grites
"Eu não queria!" –
ao corte
queimam
os medos.
O vento farpado
arranca
da chaminé
um farrapo de lã esfumaçada.
O lampião calvo
despe voluptuosamente
da rua uma meia preta.

1913
(Tradução de Augusto de Campos e
Boris Schnaiderman)

Eu[1]

    Nas calçadas pisadas
              de minha alma
        passadas de loucos estalam
    calcâneos de frases ásperas
        Onde
            forcas
              esganam cidades
e em nós de nuvens coagulam
          pescoços de torres
      oblíquas
só
    soluçando eu avanço por vias que se encruz-
                            ilham
à vista
de cruci-
fixos

    polícias

1913
(Tradução de Haroldo de Campos)

---

1. A disposição visual deste poema segue o manuscrito autógrafo do poeta, reproduzido por Herbert Marshall em *Mayakowsky*, Londres, 1965.

Não Entendem Nada

Entrei na barbearia e disse, sem espera:
"Por gentileza, penteie-me as orelhas".
O meloso barbeiro ficou cheio de abelhas,
seu rosto se alongou como uma pera.
"Mentecapto!
Palhaço!" –
saltaram as palavras.
Insultos relincharam pelo espaço,
e l-o-o-o-o-ngamente
ouviu-se o rinchavelho
de uma cabeça que brotou por entre a gente
como um rabanete velho.

1913
(Tradução de Augusto de Campos)

Algo sobre Petersburgo

As calhas colhem lágrimas do teto,
no braço do rio riscam um grafito;
nos lábios bambos do céu inquieto
cravaram-se mamilos de granito.

O céu – agora calmo – ficou claro:
lá, onde prateia o prato do mar, o
úmido condutor, a passo lento,
leva o camelo de duas corcovas do rio Neva.

1913
(Tradução de Augusto de Campos)

Blusa Fátua

Costurarei calças pretas
com o veludo da minha garganta
e uma blusa amarela com três metros de poente.
Pela Niévski do mundo, como criança grande,
andarei, donjuan, com ar de dândi.

Que a terra gema em sua mole indolência:
"Não viole o verde das minhas primaveras!"
Mostrando os dentes, rirei ao sol com insolência:
"No asfalto liso hei de rolar as rimas veras!"

Não sei se é porque o céu é azul celeste
e a terra, amante, me estende as mãos ardentes
que eu faço versos alegres como marionetes
e afiados e precisos como palitar dentes!

Fêmeas, gamadas em minha carne, e esta
garota que me olha com amor de gêmea,
cubram-me de sorrisos, que eu, poeta,
com flores os bordarei na blusa cor de gema!

1914
(Tradução de Augusto de Campos)

Hino ao Juiz

Pelo Mar Vermelho vão, contra a maré,
Na galera a gemer os galés, um por um.
Com um rugido abafam o relincho dos ferros:
Clamam pela pátria perdida – o Peru.

Por um Peru – Paraíso – clamam os peruanos,
Onde havia mulheres, pássaros, danças,
E, sobre guirlandas de flores de laranja,
Baobás – até onde a vista alcança.

Bananas, ananás! Peitos felizes.
Vinho nas vasilhas seladas...
Mas eis que de repente como praga
No Peru imperam os juízes!

Encerraram num círculo de incisos
Os pássaros, as mulheres e o riso.
Boiões de lata, os olhos dos juízes
São faíscas num monte de lixo.

Sob o olhar de um juiz, duro como um jejum,
Caiu, por acaso, um pavão laranja-azul:
Na mesma hora virou cor de carvão
A espaventosa cauda do pavão.

No Peru voavam pelas campinas
Livres os pequeninos colibris;
Os juízes apreenderam-lhes as penas
E aos pobres colibris coibiram.

Já não há mais vulcões em parte alguma,
A todo monte ordenam que se cale.
Há uma tabuleta em cada vale:
"Só vale para quem não fuma."

Nem os meus versos escapam à censura;
São interditos, sob pena de tortura.
Classificaram-nos como bebida
Espirituosa: "venda proibida"

O Equador estremece sob o som dos ferros.
Sem pássaros, sem homens, o Peru está a zero.
Somente, acocorados com rancor sob os livros,
Ali jazem, deprimidos, os juízes.

Pobres peruanos sem esperança,
Levados sem razão à galera, um por um.
Os juízes cassam os pássaros, a dança,
A mim e a vocês e ao Peru.

1915
(Tradução de Augusto de Campos)

Hino ao Crítico

Da paixão de um cocheiro e de uma lavadeira
Tagarela, nasceu um rebento raquítico.
Filho não é bagulho, não se atira na lixeira.
A mãe chorou e o batizou: crítico.

O pai, recordando sua progenitura,
Vivia a contestar os maternais direitos.
Com tais boas maneiras e tal compostura
Defendia o menino do pendor à sarjeta.

Assim como o vigia cantava a cozinheira,
A mãe cantava, a lavar calça e calção.
Dela o garoto herdou o cheiro de sujeira
E a arte de penetrar fácil e sem sabão.

Quando cresceu, do tamanho de um bastão,
Sardas na cara como um prato de cogumelos,
Lançaram-no, com um leve golpe de joelho,
À rua, para tornar-se um cidadão.

Será preciso muito para ele sair da fralda?
Um pedaço de pano, calças e um embornal.
Com o nariz grácil como um vintém por lauda
Ele cheirou o céu afável do jornal.

E em certa propriedade um certo magnata
Ouviu uma batida suavíssima na aldrava,
E logo o critico, da teta das palavras
Ordenhou as calças, o pão e uma gravata.

Já vestido e calçado, é fácil fazer pouco
Dos jogos rebuscados dos jovens que pesquisam,
E pensar: quanto a estes, ao menos, é preciso
Mordiscar-lhes de leve os tornozelos loucos.

Mas se se infiltra na rede jornalística
Algo sobre a grandeza de Púchkin ou Dante,
Parece que apodrece ante a nossa vista
Um enorme lacaio, balofo e bajulante.

Quando, por fim, no jubileu do centenário,
Acordares em meio ao fumo funerário,
Verás brilhar na cigarreira-souvenir o
Seu nome em caixa alta, mais alvo do que um lírio.

Escritores, há muitos. Juntem um milhar.
E ergamos em Nice um asilo para os críticos.
Vocês pensam que é mole viver a enxaguar
A nossa roupa branca nos artigos?

1915
(Tradução de Augusto de Campos e
Boris Schnaiderman)

Lílitchka!
Em Lugar de uma Carta

Fumo de tabaco rói o ar.
O quarto –
um capítulo do inferno de Krutchônikh[1].
Recorda –
atrás desta janela
pela primeira vez
apertei tuas mãos, atônito.
Hoje te sentas, no coração – aço.
Um dia mais
e me expulsarás,
talvez, com zanga.
No teu "hall" escuro longamente o braço,
trêmulo, se recusa a entrar na manga.
Sairei correndo,
lançarei meu corpo à rua.
Transtornado,
tornado
louco pelo desespero.
Não o consintas,
meu amor,
meu bem,

---

1. Alusão ao poema "Um Jogo no Inferno", de A. Krutchônikh e V. Khlébnikov.

digamos até logo agora.
De qualquer forma
o meu amor
– duro fardo por certo –
pesará sobre ti
onde quer que te encontres.
Deixa que o fel da mágoa ressentida
num último grito estronde.

Quando um boi está morto de trabalho
ele se vai
e se deita na água fria.
Afora o teu amor
para mim
não há mar,
e a dor do teu amor nem a lágrima alivia.
Quando o elefante cansado quer repouso
ele jaz como um rei na areia ardente.
Afora o teu amor
para mim
não há sol,
e eu não sei onde estás e com quem.
Se ela assim torturasse um poeta,
ele
trocaria sua amada por dinheiro e glória,

mas a mim
nenhum som me importa
afora o som do teu nome que eu adoro.
E não me lançarei no abismo,
e não beberei veneno,
e não poderei apertar na têmpora o gatilho.
Afora
o teu olhar
nenhuma lâmina me atrai com seu brilho.
Amanhã esquecerás
que eu te pus num pedestal,
que incendiei de amor uma alma livre,
e os dias vãos – rodopiante carnaval –
dispersarão as folhas dos meus livros...
Acaso as folhas secas destes versos
far-te-ão parar,
respiração opressa?

Deixa-me ao menos
arrelvar numa última carícia
teu passo que se apressa.

26 de maio de 1916. Petrogrado[1].
(Tradução de Augusto de Campos)

1. É frequente, entre os russos, o hábito de datar as cartas no fim.

Nacos de Nuvem

No céu flutuavam trapos
de nuvem – quatro farrapos:

do primeiro ao terceiro – gente;
o quarto – um camelo errante.

A ele, levado pelo instinto,
no caminho junta-se um quinto.

Do seio azul do céu, pé-ante-
pé, se desgarra um elefante.

Um sexto salta – parece.
Susto: o grupo desaparece.

E em seu rasto agora se estafa
o sol – amarela girafa.

1917-1918
(Tradução de Augusto de Campos)

Ordem n. 2 ao Exército das Artes

A vós
—   barítonos redondos —
cuja voz
desde Adão até à nossa era
nos atros buracos chamados teatros
estronda o ribombo lírico de árias.

A vós
— pintores —
cavalos cevados,
rumino-relinchante galardão eslavo,
no fundo dos estúdios, cediços como dragos,
pintando anatomias e quadros de flores.

A vós
rugas na testa entre fólios de mística
— micro-futuristas[1],
— imagistas,
— acmeístas —
emaranhados no aranhol das rimas.

---

1. Provável referência aos "ego-futuristas", liderados por Ígor Sievieriânin e combatidos por Maiakóvski e seus companheiros "cubofuturistas", como praticantes de uma espécie de futurismo de salão.

A vós –
descabelando cabelos bem-penteados,
barganhando escarpins por solados,
vates do Proletcult[2],
remendões do fraque velho de Púchkin.

A vós –
bailadores, sopradores de flauta,
amolecendo às claras
ou em furtivas faltas,
e figurando o futuro nos termos
de um imenso quinhão acadêmico[3].
A vós todos
eu –
que acabei com berloques e dou duro na Rosta[4] –
gênio ou não gênio, tenho
a dizer: basta!
Abaixo com isso,
antes que vos abata o coice dos fuzis.

2. Sigla de *Proletárskaia Cultura* (A Cultura Proletária), denominação de uma agremiação literária surgida após a Revolução e que se caracterizou por uma série de posições sectárias.
3. No período de grandes privações que se seguiu a Revolução de Outubro e à deflagração da Guerra Civil, foi estabelecido o que se denominou a "ração acadêmica", destinada a cientistas, escritores e artistas.
4. Sigla de *Rossíiskoie Tielegráfnoie Aguentstvo* (Agência Telegráfica Russa), instituição fundada em 1918 e na qual Maiakóvski trabalhou intensamente no preparo de cartazes (desenho e legendas).

Basta!
Abaixo,
cuspi
no rimário,
nas árias,
nos róseos açafates
e mais minincolias
do arsenal das artes.
Quem se interessa
por ninharias
como estas: "Ah pobre coitado!
Quanto amou sem ter sido amado..."?
Artífices,
é o que o tempo exige,
e não sermonistas de juba.
Ouvi
o gemido das locomotivas,
que lufa das frinchas, do chão:
"Dai-nos, companheiros,
carvão do Don!
Ao depósito, vamos,
serralheiros,
mecânicos!"

À nascente dos rios,
deitados com furos nas costas,
– "Petróleo de Baku!" pedem navios
uivando nas docas.

Perdidos em disputas monótonas,
buscamos o sentido secreto,
quando um clamor sacode os objetos:
"Dai-nos novas formas!"

Não há mais tolos boquiabertos,
esperando a palavra do "mestre".
Dai-nos, camaradas, uma arte nova
– nova –
que arranque a República da escória.

1921
(Tradução de Haroldo de Campos)

Sobre Isto (Fragmento)

I
BALADA DO "READING GAOL"

> *Fiquei ali – eu me lembro.*
> *Havia aquele brilho.*
> *E aquilo*
> *então se chamava Neva.*
>
> Maiakóvski, O *Homem*.

De balada e   Velha é a melodia das baladas.
baladas   Mas se as palavras combalidas
                   falam daquilo que as abala,
                   de novo soam belas as baladas.
                   Travessa Lubiânski[1].
                                  Beco Vodopiâni[2].
                                              Essa
             a tela.
                   Esse
                        o tom.

---

1. Rua em que morava Maiakóvski.
2. Rua em que Lília Brik morava.

    Na cama, ela.
       Insone,
ele.
   Sobre a mesa o telefone.
"Ele" e "ela" – eis a balada.
Não é nova essa novela.

Estranho
     é que esse "ele" seja eu
e seja minha
     essa "ela".
Por que preso?
     Natal.
       Babel. A
casa não tem grades na janela.
Isso não interessa.
      Eu digo: preso.
A mesa.
   O fone sobre a mesa.

Um	Mal o toquei – a pele empola.
número	Rola
se liberta	das mãos o fone.
do fio	Da marca do aparelho,
	duas flechas
	– vermelho

  relâmpago o telefone.
  O quarto do vizinho.
       O vizinho
          sono
lento: – Que foi?
      Um guincho
         de leitão ferido?
Os guizos das queimaduras rincham.
O telefone em chamas.
Ela está doente!
      De cama!
Corre!
  Rápido!
    Vamos!
A carne fuma, a queimadura abrasa.
Raios percorrem meu corpo revolto.
Sob a tensão de milhares de volts
meus lábios fervem no fone em brasa.
Ele cava
    um túnel
       na casa
e lavra
   a rua Miasnítzki
        de passagem.
Estilhaçando
    o fio,
      o número

envia
>
> uma bala –
>
> > mensagem.

Os olhos da telefonista crescem,
trabalhando por dois
>
> de graça.

A lâmpada vermelha de novo incandesce.
Está tocando!
>
> O fogo passa.

Súbito,
>
> como se as lâmpadas enlouquecessem,

toda a rede de fios se despedaça.
– 67-10![1]
Ligue-me! –
Com o beco!
>
> Depressa!
>
> > Com a calma Vodopiâni!

Veja!
>
> A eletricidade num ciclone –

presente de Natal –
>
> fará saltar ao ar
>
> > em pane

---

1. Número do telefone de Lília.

 você
   com todas
     as estações
       de telefone.

           1923
      (Tradução de Augusto de Campos)

Sobre Isto (Fragmento)

Repassando   Cruz,
o passado
                braços em cruz,
                              esgares de espantalho,
mantenho o prumo,
                        a pique no alto cume.
A noite engrossa,
                      não vejo mais de um palmo.
Lua.
        E embaixo de mim,
                      o gelo do Machuk[1].
Agora nem sequer mantenho a linha
de equilíbrio, –
                  boneco de cartão que agita os braços.
Logo vão me ver.
                      Estou à mostra aqui em cima.
Olhem:
        Espias-Pínkerton[2] fervilham no Cáucaso.

---

1. Montanha do Cáucaso. Em sua encosta, teve lugar o duelo em que foi morto o poeta M. I. Lermontov (1814-1841), depois de se ter criado em torno dele um clima de hostilidade por parte de oficiais ligados às autoridades. Aquele duelo é considerado por alguns biógrafos um verdadeiro assassínio premeditado, pois Lermontov era visto como um não-conformista, um rebelde.
2. A agência Pinkerton de detetives ficou célebre nos Estados Unidos a partir da década de 1850. Ligada aos meios governamentais, destacou-se no combate às greves, na

Já me viram.
   Já fizeram circular o sinal.
Entes queridos,
    amigos,
      uma esteira de gente,
senhas por todo o globo,
      consenso universal.
Para o ajuste de contas,
      os duelistas vêm na frente.
Se ouriçam,
   se eriçam,
      acorrem, mais e mais...
Cospem nas mãos.
     Espalmam, as mãos sucosas.
Com as mãos,
   com o vento,
     sem pena,
       zás-trás,
meu rosto, esbofeteado, vira esponja porosa.
Galerias, –
   primícias de butiques de luvas.

luta contra o banditismo, etc. Suas atividades estenderam-se a outros países, e isso contribuiu para a sua fama sinistra.

Damas,
>   sacaríneo-cheirosas, perfumadas,
desenluvam-se,
>   alvejam-me,
>   uma chusma
de butiques de luvas no meu rosto, –
>   bofetadas.
Jornais,
>   revistas,
>   nada de olhar sem rumo!
Em socorro dos objetos que me voam às fuças
lufa,
>   de cada página,
>   uma fúria de insultos.
Falatório na orelha!
>   Unhá-lo com calúnias!
Eu, um aleijado, com mazelas de amor.
Preparem uma tina para a própria lixívia.
Que mal faço a vocês?
>   Por que tanto rancor?
Sou coração apenas,
>   sou apenas poesia.
Mas de baixo:
>   – Não!
>   Você é o inimigo secular.

A morte derradeira

        Já pegamos um dos seus, –
                        aquele hussardo[3].
        Venha cheirar a pólvora, o chumbo,
                        está no ar.
        Camisa aberta!
            Não é hora de festejar um covarde.
        Mais açoite que a chuva,
                    mais vigor que o trovão,
        sobrancelha
            ajustada
                  a sobrancelha,
        baterias, fuzis,
            um batalhão,
        de cada Mauser, de cada Browning,
                      certeiras,
        de cem,
            de dez passos,
                  de dois, –
        cara a cara –
            carga após carga.
        Param, reanimam-se, depois
        novo enxurro de chumbo –
                    descarga.
        Liquidado!

---

3. Referência a Lérmontov.

                    Coração chumbado!
            Não há mais que temer o temor!
            No fim do final, –
                        ei-lo finado.
            E finou-se o temor e o tremor.
Isto, o que   A matança acabou.
restou   A alegria borbulha.
            Degustando detalhes,
                        passos miúdos dispersam-se.
            Somente no Kremlin
                        os farrapos do poeta
            brilham contra o vento,
                        uma bandeira rubra.
            E o céu
                    como antes
                            lírico-estrelante.
            Os astros
                    a olhar,
                            siderados de assombro,
            e a Ursa Maior,
                            hipertrovadorante!
            Para quê?
                    Insinuar-se, num assomo,

rainha dos poetas?
            Desde eras-Ararat arrastas,
                        ó Enorme,
essa Arca-ou-Colher
            no dilúvio dos céus!
A bordo,
        estrelonauta,
                um irmão ursiforme:
eu grito meus versos ao cósmico escarcéu!
Rápido!
      Rápido!
            Rápido!
Transespaço!
          Além!
                Olho firme!
O sol irradia os picos.
Do cais, os dias sorriem.

1923
(Tradução de Haroldo de Campos e
Boris Schnaiderman)

JUBILEU

Aleksandr Sierguéievitch[1],
      me apresento, se permite:
             — Maiakóvski.

Dê-me a mão!
      Eis a jaula do tórax.
            Ouve?
               Não vibra, —
gane,
    este filhote de leão domesticado.
Preocupa-me!
      Parece-me que trago
toneladas de vexame
          na cabeça frívola.
Venha,
    eu o tiro daí.
        Que ar de surpresa!
Puxei forte?
     Doeu?
       Lamento, amigo.

---

1. Aleksandr Sierguéievitch Púschkin, cujo 125º aniversário de nascimento o poema comemora.

Você
    e eu,
        já estamos bem providos
de eternidade.
           O tempo nos sobeja?
Vamos conversar
          como água célere,
como a primavera,
          que livra e libera.

Veja
    no céu
        esta lua-donzela,
que perigo!,
        saindo
           sem nenhum satélite!
Eu
   agora
      estou livre
         do amor,
           dos cartazes.
O urso
    do ciúme
        é um tapete de unhas.
Quem quiser
      uma prova
         de que a terra é curva,

  sentado
    sobre as próprias nádegas,
        resvale!
Não,
  não vou impor
     os meus humores negros,
já não quero falar,
   e com quem falaria?
São
  as guelras da rima,
     afiando sem sossego,
em gente como nós,
    na areia da poesia.
O sonho é dano,
    a fantasia inútil,
é preciso
   arrastar
     as rotinas do tédio.
Mas ocorre
    que a vida
      tome um perfil inédito,
e revele
   a grandeza
      através do que é fútil.

Nós dois
             contra o lirismo,
                          baioneta calada,
buscamos
         a nudez
                  da palavra precisa.
A poesia,
         porém,
                  é uma não-sei-que-diga,
largada por aí,
              sem ligar para nada.
Isto,
     por exemplo,
                  é falado ou balido?
Bigodes abóbora
               no focinho azul:
– Nabucodonosor,
                o rei bíblico? –
"Coopaçúc"[2].
Há um velho sistema:
                    Vamos encher a cara!
Afogar
      as penas
             no vinho.

2. Alusão às tabuletas da "Cooperativa da Indústria Açucareira", que eram azuis, com raios laranja, entre os quais aparecia um pão de açúcar.

Mas repare,
        que os Red e White Stars[3]
não passem à deriva
            com uma carga de vistos.
Você,
    à minha mesa!
           Isto me alegra!
Hábil,
    a Musa
        lhe dá corda:
– O que
      dizia mesmo
           aquela Olga?...
– Olga?
    Tatiana!
        A carta de Oniéguin:
"Teu marido
      é um velho obtuso,
           um eunuco.

Amo-te.
    Sê minha!
        E sem falta!

---

3. Companhias de navegação.

Já de manhã
           quero ficar seguro
de ver-te
           logo mais
                      nesta data"[4].
Houve de tudo:
                a espera sob a janela,
cartas,
       os nervos como geleia...
Mas o pior,
          Aleksandr Sierguéievitch,
é ter passado
             do ponto
                     de afligir-se.
Marche,
       Maiakóvski!
                  Mais ao norte!
Coração
       torturado de rimas.
Entregue
       o amor
             à própria sorte,

---

4. Paródia de um episódio de *Ievguêni Oniéguin,* o grande romance em versos de Púschkin.

meu caro
            Vladímir Vladímitch.
Envelheço?
            Não,
                        não é fato.
Investindo
            com toda
                        esta carcaça,
dou conta de dois,
                        sem sobressalto,
e até de três,
            se me fazem pirraça.
Tacham meus temas
                        de in-di-vi-du-a-lis-tas!
Que o censor não se irrite,
                        entre nous:
até dois membros
                        da Central Comunista
há quem diga
            ter visto
                        aos arrulhos...
Um mexerico,
            pelo amor do fuxico.
Não dê ouvidos,
                        Aleksandr Sierguéievitch!

Serei
>   talvez
>   no fundo
>   o único triste
por não tê-lo
>   mais hoje
>   entre os vivos[5].
Em vida,
>   nos teríamos entendido.
Mas breve
>   estarei mudo
>   e inerme,
e mortos,
>   seremos já
>   quase vizinhos:
você na letra P,
>   eu
>   na letra M.
Quem se põe entre nós?
>   Você o que me diz?
Que país
>   mais pobre
>   de poetas!

---

5. Maiakóvski fora acusado de desrespeito à memória de Púschkin.

Entre nós
        – maldição! –
                Nádson se intromete[6].
Vamos ver
      se o remetem
             para as bandas do X.
E Niekrassov[7],
      Kólia,
           filho do extinto Aleixo?
Bom nas cartas,
      nos versos,
           e não mau no aspecto?
Você o conhece?
           Excelente sujeito!
Fica conosco,
      é um companheiro certo.
Os meus contemporâneos?!
                Se quer que eu prossiga...
Trocá-lo
      por cinquenta
           seria mau negócio.
Bocejos
      de arrancar
           mandíbula!

---

6. O poeta sentimental S. I. Nádson (1862-1887).
7. O poeta N. A. Niekrassov (1821-1878).

Dorogóitchenco,
            Guerássimov,
                        Kirilov,
                                    Rodov...
(Um cenário
            uniconformissário).
E vem
        Iessiênin
                e a mujicante malta.
Que farsa!
            São vacas de luvas.
Ouve-se uma vez,
                e basta!
                        Música
de balalaica!
É preciso
        que o poeta
                    seja mestre da vida.
Nós ambos
            somos fortes
                        – álcool de Poltava.
E Biezimiênski?
            Bem...
                    Não é de nada...
Café
    de cenoura fervida...

É verdade,
        ficou faltando
                Assiéiev.
Este vale!
      Tem a minha pegada.
Mas é pai de família
              e deve
(Pequena ou não)
              alimentá-la...
Se você
      fosse vivo,
              eu o faria
corredator da LEF[8],
              e seria capaz
de confiar-lhe
        até
              a poesia-cartaz.
Mostrava como se faz:
              – e zás! –
                    com esse estilo,
não duvido,
      você aprenderia!
Eu lhe arranjaria
        tina
            e pano,

---

8. Sigla de *Liévi Front* (Frente de Esquerda), revista dirigida por Maiakóvski.

    damas do GUM[9]
                para os reclames.
(Como prova
            de quanto sou longânime,
acabei
     de ciciar-lhe
            um jambo...)
Mas vejo-o
      relegando
               a jâmbia balbúcie
Agora a pena
        é arma,
              uma farpa de espeque.
Junto à Revolução,
          Poltava é pó[10],
                minúcia.
Nosso amor é maior
             que os amores de Oniéguin.
Tema os puschkinistas!
                Miolomole Pelúchkin[11]

---

9. Sigla de uma grande loja de Moscou.
10. Cidade da Ucrânia junto à qual Pedro, o Grande, venceu Carlos XII da Suécia em 1709. "Poltava" é também o título de um poema narrativo de Púschkin que celebra esse feito.
11. Pliúchkin é a personificação da avareza em *Almas Mortas*, de Gógol. O nome original provém de *pliuch* (pelúcia).

solavanca-se
>	logo,
>		a escrever com ferrugem:
— Púchkin na LEF?
>		É o que faltava!
O negregando![12]
>		Rival de Dierjávin...[13]
Eu o amo,
>	mas vivo,
>		não múmia.
Sem o verniz
>		dos florilégios-catacumba.
O Africano,
>		que também sentiu fúria:
— Aquele D'Anthés[14],
>		filho de um cão!
>			Refugo mundano de salão!

---

12. Alusão ao fato de que o bisavô de Púschkin, pela linha materna, era africano e fora enviado a Pedro, o Grande, como presente, pelo embaixador russo em Constantinopla. A alusão recorre mais adiante em "o Africano".
13. G. R. Dierjávin (1743-1816). No texto, parece haver alusão ao fato de Dierjávin ter sido o poeta da corte de Catarina II.
14. Púschkin foi morto em duelo por Georges Charles D'Anthés, oficial francês então a serviço da Rússia.

Deixe,
    que ao D'Anthés
        faremos uma enquete[15]:
            Nome? Filiação?
Ocupação *antes* de 17?
    E o D'Anthés se escafede.
        É o fim dessa súcia...
Que conversa vazia!
    Respira coisa espírita...
"Prisioneiro da honra...
    uma bala...
        e perece..."
Mas hoje
    a mesma ronda
        ainda gira
matilha
    e nos caça as mulheres...
Estamos bem aqui,
    no país dos Sovietes,
vivendo
    e trabalhando
        em harmonia.

---

15. Alusão aos formulários muito frequentes e obrigatórios então na Rússia.

Pena
    apenas
        que nos faltem poetas.
Mas será
        que eles teriam serventia?
É hora,
    a aurora arregalou seus raios.
Vamos,
    eu ajudo,
        de volta ao pedestal.
O vigia
    pode vir
        procurá-lo:
Na Avenida Tvierskaia,
        você é figura habitual.
A mim,
    a meu posto,
        uma estátua é devida.
Dinamite:
    – eu a explodo em detritos!
Odeio
    a morte e seu mortiço.
Adoro
    aquilo que é vida.

1924

(Tradução de Haroldo de Campos)

Carta de Paris ao Camarada Kostróv sobre a Essência do Amor

Perdoe-
　　　me,
　　　　　camarada Kostróv,
com sua habitual
　　　　　largueza de vista,
se eu desperdiço
　　　　　as minhas estrofes
de Paris
　　　em lírica imprevista.
Imagine:
　　　uma beleza
　　　　　entra na sala
vestindo
　　　peles e adereços.
A essa
　　bela presa
　　　　a minha fala
(não sei se
　　bem ou mal)
　　　　　eu endereço:
Sou russo,
　　　camarada,

e sou famoso em meu país.
Já tive muitas namoradas
bonitas
      – todas as que eu quis.
As mulheres
      amam os poetas.
Sou vivo,
      minha voz é de bom timbre.
Tonteio como éter.
Basta
    ouvir-me.
Não me fisgam
      com armas
          sem valor.
Não caio
    por qualquer charme.
Eu fui
    para sempre
        ferido pelo amor –
mal e mal
    posso arrastar-me.
Não meço
    o amor
        pelo matrimônio.
Deixou de amar –
    passe bem!

Para mim,
  camarada,
    as cerimônias
valem
  menos que um vintém.
Para que ficar pairando?
Deixe de onda,
formosura,
  eu não tenho mais vinte anos,
mas trinta...
   e outros tantos
     fora da conta.
O amor
  não está
    em ferver bruscamente,
nem está
  em acender uma fogueira,
mas no que há
   por trás
     das montanhas do peito
e acima
  da jângal-cabeleira.
Amar
  é ir ao fundo
    do cercado

e até que a noite
    – corvo negro –
        chegue
cortar lenha
    com chispas
       no machado
e a nossa própria força
      pôr em xeque.
Amar
  é desfazer-se dos lençóis
que a insônia desarruma
      e com ciúme
        de Copérnico,
a ele,
  não ao marido
      da Maria dos Anzóis,
considerar rival eterno.
O amor
   não é
    paraíso nem geena.
Para nós
   o amor
     é o atestado
de que
   outra vez
     se engrena

o coração –
           motor enferrujado.
Você
     rompeu o fio
                com Moscou.
Os anos
       criam
             distância.
Como
     explicar o que passou
assim de relance?
Na terra
        há luzes – até o céu...
No céu azul
           estrelas
                  a granel.
Se eu
     não fosse poeta
seria astrônomo
               por certo.
A praça já se apinha.
Os coches rodam.
Eu passo
        anotando linhas
no meu livro de notas.

Correm
        os carros
                rente,
mas não me atropelam.
Entendem,
        de repente:
Está em êxtase
            por ela.
Sonhos,
      visões,
              excursos
enchem-no
      até os ossos.
Aqui
    até os ursos
ganhariam asas.
E agora,
        quando acabo de fervê-las,
num restaurante barato,
as palavras
        soletram
              das letras
                    às estrelas
um cometa dourado.
Deixando
      pelo céu
           um longo rastro,

brilha
    a plumagem do cometa,
para que os namorados
           vejam os astros
de seus quiosques
        de violetas.
Para acordar
    e atrair
        o apreço
           desses
a que a visão já falha.
Para cortar
    aos inimigos
        a cabeça
com a longa cauda
    luminosa
        navalha.
Ouço
    em meu peito
        até o último pulsar
como se o estivesse
    esperando
para um encontro:
    o amor
        a ressoar
simples e humano.

O furacão,
         o fogo,
                  o mar
vêm vindo
         furiosamente.
Quem
     os pode
              domar?
Você pode?
Experimente...

                                              1928
                            (Tradução de Augusto de Campos)

A Plenos Pulmões

Primeira Introdução ao Poema

Caros
    camaradas
        futuros!
Revolvendo
    a merda fóssil
        de agora,
perscrutando
    estes dias escuros,
talvez
    perguntareis
        por mim. Ora,
começará
    vosso homem de ciência,
afogando os porquês
    num banho de sabença,
conta-se
    que outrora
        um férvido cantor
a água sem fervura
    combateu com fervor[1].

---

1. Maiakóvski escreveu versos de propaganda sanitária.

Professor,
        jogue fora
                as lentes-bicicleta!
A mim cabe falar
           de mim
                de minha era.
Eu – incinerador,
            eu – sanitarista,
a revolução
        me convoca e me alista.
Troco pelo "front"
            a horticultura airosa
da poesia –
        fêmea caprichosa.
Ela ajardina o jardim
virgem
     vargem
          sombra
              alfombra.
"É assim o jardim de jasmim,
o jardim de jasmim do alfenim".
Este verte versos feito regador,
aquele os baba,
           boca em babador, –
bonifrates encapelados,
                descabelados vates –

entendê-los,
        ao diabo!,
                quem há-de…
Quarentena é inútil contra eles –
mandolinam. por detrás das paredes:
"Ta-ran-tin, ta-ran-tin,
ta-ran-ten-n-n…"
Triste honra,
           se de tais rosas
minha estátua se erigisse:
na praça
       escarra a tuberculose;
putas e rufiões
            numa ronda de sífilis.
Também a mim
        a propaganda
                cansa,
é tão fácil
      alinhavar
             romanças, –
Mas eu
    me dominava
            entretanto
e pisava
    a garganta do meu canto.
Escutai,
    camaradas futuros,

o agitador,
             o cáustico caudilho,
o extintor
          dos melífluos enxurros:
por cima
        dos opúsculos líricos,
eu vos falo
           como um vivo aos vivos.
Chego a vós,
            à Comuna distante,
não como Iessiênin,
                   guitarriarcaico.
Mas através
           dos séculos em arco
sobre os poetas
               e sobre os governantes.
Meu verso chegará,
                  não como a seta lírico-amável,
que persegue a caça.
Nem como
         ao numismata
                     a moeda gasta,
nem como a luz
              das estrelas decrépitas.

  Meu verso
     com labor
        rompe a mole dos anos,
e assoma
    a olho nu,
       palpável,
         bruto,
como a nossos dias
       chega o aqueduto
levantado
    por escravos romanos.
No túmulo dos livros,
       versos como ossos,
se estas estrofes de aço
        acaso descobrirdes,
vós as respeitareis,
     como quem vê destroços
de um arsenal antigo,
       mas terrível.
Ao ouvido
    não diz
      blandícias
        minhas voz;
lóbulos de donzelas
     de cachos e bandós
não faço enrubescer
     com lascivos rondós.

Desdobro minhas páginas
     – tropas em parada,
e passo em revista
    o "front' das palavras.
Estrofes estacam
    chumbo-severas,
prontas para o triunfo
     ou para a morte.
Poemas-canhões,
    rígida coorte,
apontando
  as maiúsculas
     abertas.
Ei-la,
 a cavalaria do sarcasmo,
minha arma favorita,
    alerta para a luta.
Rimas em riste,
   sofreando o entusiasmo,
eriça
 suas lanças agudas.
E todo
  este exército aguerrido,
vinte anos de combates,
    não batido,
eu vos dôo,
  proletários do planeta,

cada folha
            até a última letra.
O inimigo
            da colossal
                        classe obreira
é também
            meu inimigo
                        figadal.
Anos
      de servidão e de miséria
comandavam
              nossa bandeira vermelha.
Nós abríamos Marx
                  volume após volume,
janelas
        de nossa casa
                      abertas amplamente,
mas ainda sem ler
                  saberíamos o rumo!
onde combater,
              de que lado,
                          em que frente.
Dialética,
          não aprendemos com Hegel.
Invadiu-nos os versos
                      ao fragor das batalhas,

quando,
   sob o nosso projétil,
debandava o burguês
     que antes nos debandara.
Que essa viúva desolada,
     – glória –
se arraste
   após os gênios,
     merencória.
Morre,
  meu verso,
    como um soldado
anônimo
   na lufada do assalto.
Cuspo
  sobre o bronze pesadíssimo,
cuspo
  sobre o mármore, viscoso,
Partilhemos a glória, –
     entre nos todos, –
o comum monumento:
    o socialismo,
forjado
  na refrega
    e no fogo.

Vindouros,
		varejai vossos léxicos:
do Letes
		brotam letras como lixo –
"tuberculose",
			"bloqueio",
					"meretrício".
Por vós,
		geração de saudáveis, –
um poeta,
		com a língua dos cartazes,
lambeu
		os escarros da tísis.
A cauda dos anos
				faz-me agora
um monstro,
			fossilcoleante,
Camarada vida,
			vamos,
				para diante,
galopemos
		pelo quinquênio afora[2].
Os versos
		para mim
				não deram rublos,

---

2. Alusão aos Planos Quinquenais soviéticos.

nem mobílias
               de madeiras caras.
Uma camisa
               lavada e clara,
e basta, —
               para mim é tudo.
Ao
    Comité Central
              do futuro
                       ofuscante,
sobre a malta
               dos vates
                       velhacos e falsários,
apresento
             em lugar
                     do registro partidário
todos
     os cem tomos
               dos meus livros militantes.

                        DEZEMBRO, 1929/JANEIRO, 1930
                        (Tradução de Haroldo de Campos)

SIERGUÉI IESSIÊNIN
(1895-1925)

Filho de camponeses da região de Riazan, foi criado pelo avô, homem abastado e religioso. Estudou numa escola rural e, depois, num seminário. Transferindo-se para Moscou em 1912, trabalhou como tipógrafo e participou de agrupamentos literários. Em 1915, passou a viver em Petrogrado, onde teve uma acolhida muito favorável, tornando-se virtualmente discípulo do poeta camponês Kliúiev. Convocado para o exército em 1916, suportou mal o serviço militar. Em 1917, casou-se com Zinaída Raich, depois esposa do diretor de teatro Meyerhold. Adepto da ala esquerda do Partido Social-Revolucionário, apoiou com ela a Revolução de Outubro. Em 1918, em Moscou, aderiu ao imagismo russo. Levou então uma vida boêmia desenfreada, marcada sobretudo pelos excessos alcoólicos. Em 1921, conheceu em Moscou a dançarina norte-americana Isadora Duncan, com quem se casou no ano seguinte. Viajou com ela pela Europa e pela América. Todavia, o matrimônio foi um fracasso, o poeta não abandonou a bebida e, em 1923, regressou à Rússia. Suicidou-se em 1925 num hotel de Leningrado: cortou os pulsos, escrevendo com sangue as duas quadras de "Até Logo, Até Logo, Companheiro" (traduzidas por Augusto de Campos para esta antologia), e enforcou-se. Sua obra, que revela a perplexidade diante do mundo surgido com a Revolução e a surpresa do camponês face à industrialização, é original e rica de imagens e ritmos, constituindo um dos grandes documentos da poesia russa moderna.

Outono

Égua rubra alisando as crinas:
O outono na calma dos zimbros.

Sobre a margem terrosa e áspera,
O tinido azul dos seus cascos.

Monge-vento, passo medido,
Pisa as folhagens do caminho.

E beija o Não-Visível – Cristo,
Chagas vermelhas entre arbustos.

1914
(Tradução de Haroldo de Campos)

De *Transfiguração*

Ei, russos!
Pescadores do universo,
Na rede da aurora colhendo o céu –
Troai as trompas!

Sob a charrua do raio
Ruge a terra.
Rompe os penhascos a auridente
Relha.

Novo semeador
Erra pelos campos.
Novas sementes
Arroja aos sulcos.

Um hóspede-luz
Vem num coche.
Corre entre as nuvens
Uma égua.

Sela da égua –
Azul.
Sinos da sela –
Estrelas.

1917
(Tradução de Augusto de Campos)

Do Poema *Pomba do Jordão*

O céu – um sino.
A lua – língua.
Mãe – pátria minha.
Eu – bolchevique.

Onde tudo é amigo,
Tudo lindo, rindo,
Eu canto o fim do
Mundo antigo.

Alto e bom som
Retumbe na tua
Tumba o sino azul
Como aquela lua.

Mundo de amar,
É boa a espera.
Ouço no ar
Nova era.

1918
(Tradução de Augusto de Campos)

De *Naves-Éguas*

I

Quando o lobo ulula para a lua
É porque as nuvens destroçaram o céu.
Ventres rasgados de éguas,
Negras velas de corvos ao léu.

O azul não cravará as garras
Do escarro-esgoto dos ciclones.
Desfolha-se ao nitrido das borrascas
O jardim auricónífero dos crânios.

Ouvis os sons que golpeiam o escuro?
São os ancinhos da aurora pelos prados.
Com remos de braços decapitados
Remais para a terra do futuro.

Navegai para os altos horizontes!
Lançai gritos de corvos do arco-íris!
Logo a árvore branca deixará cair
Uma folha amarela – a minha fronte.

5

Quero cantar, cantar, cantar, cantar!
Eu não ofenderei cabra nem lebre.
Se há algo na vida que nos faz chorar,
Algo também nos faz ficar alegres.

A maçã da alegria todos portam,
Mas o assobio do ladrão nos ronda.
E o outono, sábio jardineiro, um dia corta
Uma folha amarela – a minha fronte.

Há uma só senda no jardim da aurora.
Vento de outubro corrói a floresta.
Para conhecer tudo e não ter glória
Veio ao mundo o poeta.

Veio para beijar as vacas
E ouvir no coração o triturar da aveia.
Cava, foice de versos, cava!
Vai, sol-arbusto, e flor-semeia!

1919
(Tradução de Augusto de Campos)

A Confissão de um Vagabundo

Nem todos sabem cantar,
Não é dado a todos ser maçã
Para cair aos pés dos outros.

Esta é a maior confissão
Que jamais fez um vagabundo.

Não é à toa que eu ando despenteado,
Cabeça como lâmpada de querosene sobre os ombros.
Me agrada iluminar na escuridão
O outono sem folhas de vossas almas,
Me agrada, quando as pedras dos insultos
Voam sobre mim, granizo vomitado pelo vento.
Então, limito-me a apertar mais com as mãos
A bolha oscilante dos cabelos.

Como eu me lembro bem então
Do lago cheio de erva e do som rouco do amieiro,
E que nalgum lugar vivem meu pai e minha mãe,
Que pouco se importam com meus versos,
Que me amam como a um campo, como a um corpo,
Como à chuva que na primavera amolece o capim.
Eles, com seus forcados, viriam aferrar-vos
A cada injúria lançada contra mim.

Pobres, pobres camponeses,
Por certo, estão velhos e feios,
E ainda temem a Deus e aos espíritos do pântano.
Ah, se pudessem compreender
Que o seu filho é, em toda a Rússia,
O melhor poeta!
Seus corações não temiam por ele
Quando molhava os pés nos charcos outonais?
Agora ele anda de cartola
E sapatos de verniz.

Mas sobrevive nele o antigo fogo
De aldeão travesso.
A cada vaca, no letreiro dos açougues,
Ele saúda à distância.
E quando cruza com um coche numa praça,
Lembrando o odor de estéreo dos campos nativos,
Lhe dá vontade de suster o rabo dos cavalos
Como a cauda de um vestido de noiva.

Amo a terra. Amo demais minha terra!
Embora a entristeça o mofo dos salgueiros,
Me agradam os focinhos sujos dos porcos
E, no silêncio das noites, a voz alta dos sapos.
Fico doente de ternura com as recordações da infância.
Sonho com a névoa e a umidade das tardes de abril,

Quando o nosso bordo se acocorava
Para aquecer os ossos no ocaso.
Ah, quantos ovos dos ninhos das gralhas,
Trepando nos seus galhos, não roubei!
Será ainda o mesmo, com a copa verde?
Sua casca será rija como antes?

E tu, meu caro
E fiel cachorro malhado?!
A velhice te fez cego e resmungão.
Cauda caída, vagueias no quintal,
Teu faro não distingue o estábulo da casa.
Como recordo as nossas travessuras,
Quando eu furtava o pão de minha mãe
E o mordíamos, um de cada vez,
Sem nojo um do outro.

Sou sempre o mesmo,
Meu coração é sempre o mesmo.
Como as centáureas no trigo, florem no rosto os olhos.
Estendendo as esteiras douradas de meus versos
Quero falar-vos com ternura.

Boa noite!
Boa noite a todos!

Terminou de soar na relva a foice do crepúsculo...
Eu sinto hoje uma vontade louca
De mijar, da janela, para a lua.

Luz azul, luz tão azul!
Com tanto azul, até morrer é zero.
Que importa que eu tenha o ar de um cínico
Que pendurou uma lanterna no traseiro!
Velho, bravo Pégaso exausto,
De que me serve o teu trote delicado?
Eu vim, um mestre rigoroso,
Para cantar e celebrar os ratos.
Minha cabeça, como agosto,
Verte o vinho espumante dos cabelos.

Eu quero ser a vela amarela
Rumo ao pais para o qual navegamos.

1920
(Tradução de Augusto de Campos)

O Homem Negro

Meu amigo, meu amigo,
Estou muito, muito doente.
De onde veio esta dor, nem mesmo eu lembro.
Seria o vento que assobia
No campo árido e deserto,
Ou talvez como os bosques em setembro
O álcool desfolha o meu cérebro?

Minha cabeça move as orelhas
Como um pássaro as asas.
Ela não consegue mais
Balançar as pernas no pescoço.
Um homem negro
Negro, negro,
Um homem negro
Senta-se à beira do meu leito.
Um homem negro
Não me deixa dormir a noite inteira.

O homem negro
Move o dedo sobre o livro ignóbil
E nasala sobre mim
Como um monge sobre um defunto,

Lê para mim a vida
De não sei que malandro e vagabundo,
Levando para a alma a angústia e o medo,
O homem negro,
Negro, negro!

"Escuta, escuta –
Murmura para mim –
No livro há muitos belos
Pensamentos e projetos.
Este homem
Vivia no país
Dos charlatães e arruaceiros
Os mais abjetos.

Nessa terra, em dezembro,
A neve é diabolicamente alva,
E as borrascas movem
Alegres rocas.
Aquele homem era um aventureiro,
Mas da mais alta
E da melhor marca.

Ele era elegante
E além do mais poeta,
De força não muito grande,

Mas cheio de vida.
E uma certa mulher
De quarenta e tantos anos
Ele a chamava de menina má
E de sua querida.

A felicidade – dizia –
É a ligeireza de cérebro e dedos.
Todas as almas incapazes
São sempre tidas como infelizes.
Não faz mal
Que a muitos sofrimentos
Levem os gestos
Fingidos e falazes.

Nas tempestades, nas tormentas,
Na algidez da existência,
Quando há perdas penosas
E quando se está triste,
Parecer sorridente e singelo
É a mais alta arte que existe".

"Homem negro!
Não me fale assim!
Você não está a serviço

Do espírito das águas.
O que tenho eu com a vida
De um poeta escandaloso?

Em outros, que não eu,
Despeje as suas mágoas".
O homem negro
Fita-me de frente
E os seus olhos se cobrem
De um vômito anil,
Como se ele quisesse me dizer
Que eu sou um malandro, um ladrão
Que assaltou alguém
De modo traiçoeiro e vil.
....
Meu amigo, meu amigo,
Estou muito, muito doente.
De onde veio esta dor, nem mesmo eu lembro.
Seria o vento que assobia
No campo árido e deserto,
Ou talvez como os bosques em setembro
O álcool desfolha o meu cérebro?

Noite fria.
Paz de encruzilhada.
Estou só, à janela,

Não espero hóspede ou amigo.
Toda a planície está coberta
De cal macia e farinhenta,
E as árvores como ginetes
Apeiam em meu jardim.

Em alguma parte chora
Sinistra ave noturna.
Os cavaleiros de madeira
Semeiam as batidas dos cascos.
E de novo o homem negro
Senta-se em minha cadeira,
A cartola de lado, descaídas
As abas do casaco.

"Escuta, escuta! –
Rouqueja, olhando-me na face.
E se inclina para mim
Cada vez mais e mais.
Não vi ninguém
Dentre os canalhas
Que sofresse de insônia
Tão inútil e chinfrim.

Ah, admitamos que eu me engane!
Ainda bem que há luar.
Que mais este mundinho sonolento

Poderia demandar?
Talvez, de coxas gordas,
"Ela" virá furtivamente,
E lhe dirás um poema
Langoroso e tumular.

Ah, eu gosto dos poetas!
Divertem, com seus versos.
Neles eu sempre encontro
Consolo para o meu mal –
Como se a uma estudante espinhenta
Um mostrengo cabeludo
Falasse de universos,
Extravasando langor sexual.

Não sei, não me lembro,
Em certo povoado,
Talvez em Kaluga
Ou talvez em Riazan,
Vivia, ali, um menino
Numa simples família camponesa,
De cabelos amarelos
E olhos cor de anil...

E eis que ele se tornou adulto
E além do mais poeta,
De força não muito grande,

Mas cheio de vida.
E uma certa mulher
De quarenta e tantos anos
Ele a chamava de menina má
E de sua querida".

"Homem negro!
És um hóspede maligno.
Há muito se propala
Tua fama infeliz."
E eu, furioso, febril...
E voa minha bengala
Para o seu focinho,
No meio do nariz...
....
A lua é morta.
A alba azula à janela.
Ah, noite!
Noite, o que me deformaste?
Aqui estou, de cartola,
Ninguém a meu lado.
Estou só.
E o espelho, quebrado.

1925
(Tradução de Augusto de Campos e
Boris Schnaiderman)

Pobre escrevinhador, é tua
A sina de cantar a lua?
Há muito o meu olhar definho
No amor, nas cartas e no vinho.

Ah, a lua entra pelas grades,
A luz tão forte corta os olhos.
Eu joguei na dama de espadas
E só me veio o ás de ouros[1].

1925
(Tradução de Augusto de Campos)

---

1. Marca na roupa dos forçados.

Até logo, até logo, companheiro,
Guardo-te no meu peito e te asseguro:
O nosso afastamento passageiro
E sinal de um encontro no futuro.

Adeus, amigo, sem mãos nem palavras.
Não faças um sobrolho pensativo.
Se morrer, nesta vida, não é novo,
Tampouco há novidade em estar vivo[1].

1925
(Tradução de Augusto de Campos)

1. Ver a nota biográfica.

NICOLAI ZABOLÓTZKI
(1903-1958)

Filho de um agrônomo, passou a infância no campo do setentrião russo. Estudou na Faculdade de Letras de Petrogrado. Renunciando a ensinar Literatura, tornou-se escritor profissional. A partir de 1926, publicou na imprensa muitos poemas, inclusive poesia para crianças. Seu primeiro livro saiu em 1929, marcado pela influência das correntes modernas, sobretudo de Khlébnikov, embora Zabolótzki usasse com mais parcimônia os novos recursos poéticos. Sua obra dessa fase distingue-se pela tendência para o estranho, o fantástico, o descomunal, surpreendido quer em visões de sonho, quer em aspectos da cidade moderna. Frequentemente, aparece também uma nota satírica pronunciada. Em 1933, a publicação do poema "O Triunfo da Agricultura" acarretou-lhe sérios dissabores. Foi preso em 1938, passando sete anos na Sibéria. Estabeleceu-se em Moscou em 1946. Após a volta do degredo, sua poesia modifica-se completamente: adquire acento filosófico, tranquilo, neoclássico. O próprio poeta parecia completamente transformado. O escritor e eslavista italiano Ângelo Maria Ripellino, que o visitou em Moscou, ouviu dele "aqueles fáceis slogans que mutilaram durante anos a cultura soviética" (cf. "Diário con Zabolockij", in *Letteratura come itinerario nel meraviglioso*, Turim, Einaudi, 1968). Zabolótzki deixou também valiosas traduções de poesia.

Vai-se o Zodíaco de Ouro

Vai-se o Zodíaco de ouro
Sobre a planura espectral.
Cochila o bicho Cachorro,
Dorme o pássaro Pardal.
As ondinas, bundalarga,
Voam retas para o céu, –
Braços fortes como varas,
Nabos de peitos sem véu.
Uma bruxa num triângulo
É fumaça e se esvaiu.
Falecidos e silvanas
Dançam cake-walk no cio.
Atrás deles, coro e palio,
Feiticeiros caçam Mosca.
Sobre a encosta, vulto esquálido,
A lua de cara fosca.

Vai-se o Zodíaco de ouro
Pelos telhados da aldeia.
Cochila o bicho Cachorro,
Peixe-galo cabeceia.
Matraquinha tique-taca,
Dorme o animal Aranha,

Dorme a Mosca, dorme a Vaca,
O luar desemaranha.
Sobre a terra uma gamela
Entornada, jaz, enorme.
Silvano tirou tramela
Das barbas de lobisomem.
Vem a sereia descendo
Da nuvem, perna de fora.
O ogro rói o pudendo
De um gentleman de cartola.
Tudo gira em contradança,
Tudo voa e desconjunta,
Hamadríades de trança,
Pulgas, defuntos, defuntas.

Bacharel de eras passadas,
General dos novos tempos –
Meu bestunto! Estes fantasmas
São delírios sonolentos.
São delírios, desatinos,
Da mente que perde o prumo,
Pesares sem lenitivo,
Figurações do outro mundo.

Vai alta a hora terrestre,
Bestunto, velho guerreiro,
Descansa. Logo amanhece,
O sono é bom companheiro.
Que importam dúvidas? Nada!
Um dia a mais, outro a menos...
Bichos-deuses, meio-termo,
Dormindo, despertaremos
No umbral de nova jornada.

Matraquinha tique-taca,
Dorme o animal Aranha,
Dorme a Mosca,
Dorme a Vaca,
O luar desemaranha.
Sobre a terra uma gamela
Entornada, jaz, enorme...
Dorme a planta Berinjela,
Durmo eu e você dorme.

1933
(Tradução de Haroldo e Augusto de Campos e
Boris Schnaiderman)

ILIÁ SELVÍNSKI
(1899-1968)

Nasceu na Criméia. Durante a Guerra Civil, lutou nas fileiras do Exército Vermelho. Depois, estudou Direito e Ciências Sociais na Universidade de Moscou, exercendo ao mesmo tempo diferentes ofícios: marinheiro, operário numa usina de conservas, instrutor esportivo, peleteiro. Em 1933-1934, participou da famosa expedição polar de Tcheliúskin, na qualidade de correspondente do *Pravda*. Foi então que escreveu o poema que figura nesta antologia. Durante a Segunda Guerra Mundial, tomou parte em operações militares em diversas frentes. A partir de 1924, tornara-se o chefe do grupo literário dos "construtivistas". Sua obra caracteriza-se por um gosto pela experimentação verbal e pela utilização constante do coloquial. Chegou a renegar as suas experiências mais arrojadas, mas, nos últimos anos de vida, preocupou-se em reelaborar e reeditar boa parte de seus poemas das décadas de 1920 e 1930.

Estudo alemão, de raiva.
Emparedo-me, eremita...
Ninguém fala uma palavra
De minha língua magnífica.

Zumbe mais negra a ferida,
Silva ríspida a serpente.
Cheguei muito cedo à vida,
Meu tempo me desentende.

Mal-amado, posto à margem,
Há um sentido nesta agrura?
Despenho-me na voragem.
Furor de fonte sulfúrea.

Balneário algum empresa
A fonte inútil que ferve.
Ao mar gelado, sem meta,
Desgarro com minha febre.

Invejando a água que empoça,
Armo sonhos, visões frustras:
Diminuir, polir a crosta,
Ficar potável, sem juntas,

Mais macio, mais timorato,
Abafar-me com pelúcia,
Ameixa mole num prato,
Verso tépido de Púschkin.

Não adianta ser Colombo...
Mas meu fim demora ainda –
E a mágoa sai como um rolo
De fumaça das narinas.

E estas linhas embaçadas
Como um sopro saem de mim.
Por algum tempo as estradas
Se cobrem de um véu nanquim.

Mas tudo é claro e direto,
Simples como numa tela:
Se a paixão lança um projétil,
No seu fumo se enovela,

A infância dos tempos cessa.
Verás. E ao vento radiante,
O pó das torres supressas
Por tiros de longo alcance.

CABO RIRCÁRPI. OCEANO GLACIAL ÁRTICO. 1933
(Tradução de Haroldo de Campos e
Boris Schnaiderman)

EDUARD BAGRÍTZKI
(1895-1934)

Chamava-se Eduard Dziúbin e era de família judia, filho de um pequeno empregado de comércio. Estudou Agrimensura, mas pouco depois abandonava o curso, dedicando-se à literatura. Publicou versos desde 1915. Conheceu em Odessa as vicissitudes da intervenção estrangeira e da Guerra Civil. Combateu num destacamento de guerrilheiros "vermelhos". Transferiu-se para Moscou em 1925 e, no ano seguinte, lançou a sua epopeia da Guerra Civil na Ucrânia: "A *duma* de Opanass" (*duma* é um tipo de poema épico ucraniano). Fez parte do grupo "construtivista" de poetas. Seus poemas caracterizam-se pela influência das correntes de vanguarda, pelo colorido e vivacidade e por um toque "meridional" inconfundível. São muito apreciadas, também, as suas traduções poéticas.

Desmaio de doçura,
                sonho, calma,
De canto inábil,
              de moroso tédio.
Amo os gaios bordados na toalha
E a fuligem dos ícones austeros.
Quente zunir de moscas,
                    vão-se os dias
Na devoção submissa da certeza.
Sob o telhado,
           a codorniz cicia,
Há um aroma festivo de framboesas.

Mas pesa à noite a penugem de gansos,
O lampião vacila, cansativo,
E na toalha,
         o galo ergue o seu canto
Monótono, pescoço distendido.

Senhor, nada perturba este silente
Recanto que me deste e onde me asilas.
Espesso feito um mel,
              em gotas lentas,
Escorre da colher o fio dos dias.

1919

(Tradução de Haroldo de Campos)

NOTA SOBRE OS ABSURDISTAS

Conforme é sabido, após o início da abertura política na Rússia (1985), que precedeu a queda da União Soviética, vieram à tona muitos textos cuja circulação antes disso seria impossível. E entre eles havia muitos poemas. Graças a isto, podemos incluir no presente volume dois textos de Daniil Kharms, uma das figuras centrais do movimento dos *oberiúti*, cuja atividade se desenvolveu em Leningrado, a partir da segunda metade da década de 1920.

O nome OBERIUT (associação por eles formada), rebarbativo inclusive em russo, o que resultava numa caçoada com as siglas abstrusas de muitas instituições soviéticas, significa Sociedade da Arte Real, um desafio evidente à noção, que se tornava predominante, de que a literatura, para expressar adequadamente o espírito da Revolução e as transformações em curso, tinha de ser realista, no sentido que o termo adquirira no século XIX. Em oposição a isto, os *oberiúti* frisavam o que havia de absurdo no cotidiano russo, e isto os levava ao *nonsense* e àquilo que depois se chamaria "literatura do absurdo".

Não conseguindo publicar quase nada do que produziam, acabaram escrevendo livros para crianças, o que lhes permitia manter-se, mas a corrente acabou esmagada pelo sistema.

Alguns poucos poetas próximos do movimento puderam continuar a produzir, quando sua obra se orientou em outra direção. Foi o caso de Nicolai Zabolótzki, que figura nesta antologia desde a primeira edição, em 1968.

Excetuando-se os livros para crianças, a obra dos *oberiúti* era conhecida parcialmente em cópias datilografadas (o famoso *ssmizdát*, isto é, auto-edição) e umas poucas publicações de divulgadores ocidentais. A partir de 1991, as editoras russas foram publicando obras dessa corrente, sobretudo coletâneas em que se reproduziam os mesmos textos, com tiragens de até 100.000 exemplares, embora as difíceis condições econômicas já estivessem reduzindo muito o número de leitores. É verdade que, segundo a crítica, essas edições ainda apresentam muitos defeitos, mas pode-se afirmar com segurança que a presença dos *oberiúti* já se tornou marcante na cultura russa moderna.

DANIIL KHARMS
(1905-1942)

Chamava-se Danil Iuvatchóv e viveu quase sempre em Leningrado. Chegou a estudar eletrotécnica e cinema, mas não concluiu os respectivos cursos.

Fez parte do grupo de poetas que organizaram a OBERIUT (Sociedade da Arte Real). A apresentação mais completa desse movimento, que se caracterizava por sublinhar os absurdos da vida russa na época, ocorreu na Casa de Imprensa de Leningrado em 1928, quando Kharms leu versos seus trepado num armário. Em seguida, foi representada sua peça *Ielisavieta Bam*, que prenunciava Beckett e Ionesco. Foi profundo admirador de Vielimir Khlébnikov e era bastante chegado a Casimir Malévitch, que teve aproximação com os *oberiúti*.

Tanto Kharmas como seus companheiros de movimento foram objeto de numerosos ataques por ocasião de suas apresentações e chegaram a ser acusados pela imprensa de serem verdadeiros inimigos do regime. Em 1931, foi preso com alguns de seus companheiros e acabou passando alguns meses em residência forçada em Kursk. Encarcerado novamente em 1941, acabou morrendo de fome na prisão.

Amiga

Amiga, em teu semblante, lá,
dois escaravelhos-verruma
cento-e-dois círculos encurvam,
e a cifra sete e a letra K.

Sobrepassam-te anos a fio,
estalou-te um olho o mau tempo,
nas narinas tilinta o vento,
reverdejam os lábios frios.

O que te sucede por dentro
não sei. Apenas, de repente,
pode abrir-se, troando, patente,
ancho, um baú – teu pensamento.

E pronto, a todos ficará
visível teu sonho mais doce.
E tua alma, como um gás que fosse
esvaindo, ao peito escapará.

Que esperas, um vórtice de astros?
Milhões de estrelas indo-e-vindo?
Ou o entrelaçar dos destinos
esperas, abraçada a um mastro?

Será o desejo, isso que aguardas
baixando para ti do empíreo?
E que o ofegar do teu respiro
transmude o pensar em palavras?

A todo vapor não vivemos,
do fluir dos dias não se faz cômputo,
mas ano após ano os minutos
cada vez mais claro os veremos.

Hora a hora, mesquinhez e ira
captam-nos no seu orbe escuro;
volto à terra, um passado estúpido,
baixando o olhar, súbito mira.

Afinada agora a harpa, enquanto
seus acordes ressoam ao fundo,
cantaremos. E para o mundo,
igual a um sonho é nosso canto.

E os dos correrão sem escolhos,
de cima das margens altas,
a sucessão – alçando as pálpebras –
verás, a olho frio, com teus olhos,

de centúrias sem fim, e a nossa
glória diuturna, que não cessa.
E verás: de tua fronte excelsa
sombra alguma jamais se apossa.

1933
(Tradução de Boris Schnaiderman e
Haroldo de Campos)

Calem-se Todos

Vamos, calem-se todos!
Eu, de calar, me desobrigo.
Certa vez, na Inglaterra, meus amigos,
súbito deparara-me um banquete:
quarenta pessoas no total
em poltronas meio-empire, com tapetes
e almofadas propícias ao langor.
Do esplendor da eletricidade
o salão se ilumina: Sua Majestade
aparece-me, então. Tirando o manto
dos ombros, prepara uma oração,
regalo imperial a nossas oiças.
Mas de repente voaram moscas
fazendo um zumbido: zum-zum,
e os circunstantes, mortos de susto,
forçam em vão o seu bestunto.
Eis que adentra o saguão, de capa rota,
um tipo estranho, digno de nota:
nas costelas reais dá um safanão e ao fim
macambúzio se assenta em volátil zepelim.
Aciona o motor com a mão
e pisando o pedal céu-acima,
guia a máquina à imensidão.

A princípio, todo mundo ficou pasmo:
não se ouvia nem ao menos um suspiro.
Depois, quebram-se pratos, cataclismo,
confusão, vai tudo em giro.
O rei rói a fronha e o travesseiro,
dá contra a parede punhetaços
ou manda disparar um canhonaço.
Ora, em cuecas, corre à roda;
ora se atira ao mastro da bandeira
e arranca o lábaro a seu líbito,
até que, vencido de canseira,
com uma dor terrível cai de cócoras.

24 AGOSTO 1933

(Tradução de Boris Schnaiderman
e Haroldo de Campos)

LEONID MARTINOV
(1905-1980)

Filho de um empregado ferroviário na Sibéria, fez ali estudos secundários incompletos. Trabalhou na imprensa desde 1920. Publicou em Omsk, em 1939, o seu primeiro livro de poemas. Sua obra caracteriza-se por uma linguagem moderna, pela riqueza das imagens e, frequentemente, por uma atitude de reflexão.

Entre velhas casas
Entre ruas chiantes
Entre cercas pardas
Move-se o tanque.

Tremem almas tíbias:
Assesta-se um canhão.
O piloto-Revolução
Mira de olhar firme.

Mãos de combustível
Dedos de óleo-diesel
Mas os olhos – luz súbita –
Azuis de Rússia.

1922
(Tradução de Haroldo de Campos)

Paraíso Terrestre

Água
Esmeralda
Entre escarpas

Gruta
Entre muros
Oculta

Trilhas
E empecilhos
Nas trilhas

Mas
Tudo passa e
Desfaz-se

Meninos
Traquinam
No jardim

À solta
E a lagoa
Reboa

Tempo perdido
Murar de sigilo
Este paraíso

1957
(Tradução de Haroldo de Campos)

MARGARITA ALIGUER
(N. 1915)

    Filha de um modesto funcionário de Odessa, fez estudos secundários em Moscou. Trabalhou numa usina, frequentando ao mesmo tempo um curso de Química. Foi também bibliotecária e redatora de um jornal. Publicou seus primeiros versos em 1933, ano em que ingressou no Instituto Górki de Literatura, pelo qual se formou em 1937. O poema "Zóia", aparecido em 1943, tornou-a bastante popular. Seus versos se distinguem frequentemente entre os dos seus contemporâneos por um lirismo discreto, às vezes até contido ao extremo.

De *Primavera em Leningrado*

No curso daquele longo inverno
você repetia, voz serena,
esmagando-lhe a treva de ferro:
"Resistiremos. Somos de pedra".

Estreitava-se o anel venenoso,
O inimigo sempre mais chegado.
Podíamos vê-lo rosto a rosto,
feroz, como fazem os soldados.
Leningrado sem luz e sem água!
Rações de pão: cento e vinte gramas...
Como animal ferido o céu gane,
céu mortiço, nuvens estagnadas.
As pedras suspiram,
lajes ringem,
e a gente encontra forças e vive.
Os mortos se empilham, um a um,
guerreiros numa cova comum.
Afinal cansou-se o próprio inverno.
Os turvos horizontes se abriram.
E surgem casas negras do inferno
das bombas. Mortas. Não resistiram.
E vamos nós dois passando pontes

sob a asa triunfal de maio,
você se alegrava sem dar conta
do porquê desse sentir-se gaio.
Uma nuvem mostrou-se no alto,
uma brisa esfriou-nos os lábios.
Falávamos ambos num sussurro
do tempo passado e do futuro.
Vadeamos uma longa treva,
passamos pelas balas em crivo:
Você dizia: "Somos de pedra".
É mais do que pedra.
Estamos vivos.

1942
(Tradução de Haroldo de Campos)

SIEMIÓN GUDZENKO
(1922-1953)

    Natural de Kiev, cursou em Moscou o Instituto de História, Filosofia e Literatura. Voluntário desde o inicio da guerra, lutou na batalha de Moscou e foi depois correspondente em diversas frentes. Seus primeiros versos foram publicados na imprensa no *front*, em 1941. Terminada a guerra, estava consagrado como um dos poetas que souberam expressar melhor a realidade dos anos terríveis. Seus poemas caracterizam-se pela simplicidade e pelo caráter direto da apreensão do real.

Antes do Ataque

Quando se vai para a morte – canta-se
(mas se pode chorar,
                antes).

O mais terrível do combate:
a vigília do ataque.
A neve – furos – em torno,
enegrecida de minas.
Estrondo –
o amigo que tomba.
A morte passou precisa.
Chegou minha vez,
                sou isca e alvo.
Quarenta e um,
            ano aziago.
A infantaria jaz inteira
no seu sepulcro-geleira.
Tenho a impressão de ser um ímã:
atraio enxames de minas.
Estrondo –
          o tenente, num ronco!
A morte passou de novo.
Não temos fôlego de espera.

E nos conduz sobre as trincheiras
uma ira que se congela
em baionetas
    contra goelas.
Foi luta breve.
    Agora funde-se
a vodca enregelada.
Extraio a ponta de faca
sangue alheio
    de sob as unhas.

           1942
      (Tradução de Haroldo de Campos e
          Boris Schnaiderman)

IEVGUÊNI IEVTUCHENKO
(N. 1933)

Nasceu em Zimá, na Sibéria, filho de geólogos e neto de um guerrilheiro siberiano, camponês que chegou a general do Exército Vermelho e foi executado durante os expurgos políticos de 1938. O poeta fez o curso secundário em Moscou. Começou a publicar versos desde muito cedo. Em 1952, saiu o seu primeiro livro de poemas. Nos anos que se seguiram à morte de Stálin, tornou-se verdadeiro líder da juventude soviética inconformada com os vestígios do período stalinista. Soube frequentemente encontrar a nota justa, em relação a fatos e sentimentos ligados à realidade social e política. Viajou muito pela União Soviética e no exterior. Sua obra caracteriza-se pela retomada de um estilo direto e coloquial, em que se percebem as marcas de Khlébnikov, Maiakóvski, Iessiénin e Pasternak. Mas, ao mesmo tempo, é tipicamente um poeta-tribuno que busca sobretudo comunicar-se. Exerceu papel importante na vida literária russa, sobretudo nas décadas de 1960 e 1970. Nos últimos anos, dedicou-se bastante à ficção.

Foguetes e Telegas

Não se deve falar mal das telegas,
A telega cumpriu a sua parte.
Quantas vezes porém,
     sem mais aquela,
eu a vejo intrometer-se na arte.
Olho contristado o colega:
mais um romance-
    – telega.

Lançamos luniques espaciais,
e as óperas
    sempre telegais.
Ó almas-rotina,
    corações lubrificados!
Telegas são telegas,
    não são quadros.

E com um trom de aríetes infrenes
elas invadem as telas dos cinemas.
Ó vós, que as telegas alegram,
tendes intelecto telegal.
Para que os foguetes afinal?
Vossa arte os relega:
    só telegas.

Vossa arte é uma arte esforçada,
cheia de galardões em contraparte,
mas pouco importa:
                é uma telegoarte,
na era dos foguetes –
                condenada!

1960
(Tradução de Haroldo de Campos e
Boris Schnaiderman)

Verlaine

O guia cita Verlaine
mostrando Paris, as mãos em circulo,
tão dolente,
   tão emoliente,
sob a chuva leve, que filtra.
E a água estelar destes versos
murmura, fluxo irrevogável...
"Então,
  Monsieur,
    soa agradável?"

Aceno de cabeça:
    "Sim... Por certo..."
Paris tem má memória.
Na estante dos burgueses agora
– Deus em pessoa o determina! –
Verlaine impresso em velino.
Agradável,
   tomar gim com limão
e prelibando um sono acolhedor
recitá-lo em voz alta, com langor...
Venerar Verlaine
    é de bom tom!

Agradável?

    Dos silos da memória,

tiro minhas lembranças,
                    não as vossas.
Verlaine jamais vos agradou.
Estranho,
      como tudo mudou.

Ele não se amoldava ao umbral
dos preceitos falsamente virtuosos,
ao contrário, abusava do copo,
era, para vós, um amoral.
Faço um julgamento sem base?
Torceis a cara...
              Não é mesmo agradável?

Matou-o de um lento estertor
tudo isto, senhores.
Matou-o tudo que o agredia
com zombadas por trás de uma esquina,
matou-o vossa moral tacanha
queimando-o por dentro, nas entranhas.
Vós sois amigos do gargalo
como Verlaine, e de panças repletas

comandais o assassínio dos poetas
para depois citá-los!

1960
(Tradução de Haroldo de Campos e
Boris Schnaiderman)

Encontro em Copenhague

Sentados no aeroporto em Copenhague
atacávamos juntos o café.
Ali tudo era belo,
         confortável –

ambiente refinado como quê!
E de súbito
         aquele velho surgiu,

japona simples e capuz verde oliva,
pele curtida
         por lufadas salinas,
ou melhor,
         não surgiu,
               exsurgiu.

Caminhava,
         singrando por turistas,
como se houvesse largado o leme faz pouco,
feito espuma do mar
            a barba híspida

branca
      emoldurava-lhe o rosto.

Com sombria decisão de vitória
caminhava,
   erguendo uma onda volumosa,
através de antiqualhas
     de um moderno postiço,

através do moderno postiçando o antigo.

E abrindo a gola da camisa rústica,
ele, rejeitando o vermute e o pernaud,
pediu ao balcão uma vodca russa
e repeliu a soda com um gesto:
     "No..."

Mãos gretadas, com cicatrizes,
     curtidas,
sapatos grossos, arrastando solas,
calças incrivelmente encardidas, –
era mais elegante
   do que todos em roda!

A terra sob ele como que afundava,
com o peso daquelas passadas.
Um dos nossos sorriu-me:
    "Ei!"

Veja se não parece Hemingway!

Caminhava,
           expresso em gestos curtos,
andar de pescador, pesado, lento,
todo talhado num rochedo bruto,
como através das balas,
                através dos tempos.

Caminhava, encurvado, como na trincheira,
abria caminho entre pessoas e cadeiras...
Parecia-se tanto com Hemingway! ...
Depois fiquei sabendo:
               era Hemingway.

1960
(Tradução de Haroldo de Campos e
Boris Schnaiderman)

Os Herdeiros de Stálin

O mármore se cala.
                Calado o cristal reverbera.
As sentinelas caladas
                bronzeiam-se contra o céu.
Um sopro exala das frestas:
                o ataúde fumega
quando o carregam
                fora do mausoléu.
Lento o caixão navega
                aflorando as baionetas.
Ele também se calava –
                também!
                      silêncio sinistro.
Punhos embalsamados,
                de dentro,
                      por uma greta,
fingindo-se de morto,
                ele punha o olho fixo.
Queria lembrar-se bem
                dos portadores da escolta:
recrutas
        de Riazan e de Kursk,

para depois,
        cobrando forças,
cair sobre os temerários,
           ressurreto do ataúde.
Alguma coisa ele maquina,
        em decúbito,
              como quem repousa.
E eu apelo aos Poderes do Estado:
"Dobrem,
      tresdobrem
          a guarda dessa lousa.
Que Stálin não se restaure,
           e com Stálin o passado.
Não me refiro ao passado
        grandioso,
            de glória:
da Turksib[1],
      da Magnitka[2],
          e da bandeira em Berlim.
Aquele que toca a mim
        denunciar agora,

---

1. Sigla da estrada de ferro Turquestão-Sibéria ("Turkestan" e "Sibir").
2. Diminutivo carinhoso de Magnitogorsk, a cidade surgida nos Urais durante a execução do Primeiro Plano Quinquenal, corno grande centro siderúrgico.

é o passado do povo em descaso,
                    das intrigas,
                              dos réus sem crime.
Honestos semeamos a seara.
Fundimos o ferro.
Honestos
            formamos fileiras de soldados.
Mas ele nos temia,
                e foi seu erro:
crendo no grande alvo
                não acreditara
nos meios justos de alcançá-lo.
Ele era precavido,
            perito nas manhas do combate.
Deixou-nos pelo globo
                herdeiros de sobra.
Veja:
       de um telefone instalado na lápide,
Stálin
        instrui Enver Hodja.
Até onde vai
            esse fio funéreo?
Stálin não desiste.
                Não toma a morte a sério.

Fora do Mausoléu
                agora
                          ele está sim,
mas como arrancá-lo
                        dos herdeiros de Stálin?
Alguns cultivam rosas em seus retiros,
em sigilo almejando
                            que o olvido chegue a termo.
Outros
        injuriam Stálin nos comícios,
mas à calada
            acalentam
                    a volta aos velhos tempos.
O enfarte,
        é claro,
                apavora esses herdeiros.
Eles,
    os ex-vassalos,
                    estão inquietos:
não gostam desta era
                de campos sem prisioneiros
e poetas a declamar
                para salas repletas.
O Partido
      me ordena
             que eu não cale mas fale.

E mesmo que alguns repitam:
"Deixe disto!",
eu insisto.
Enquanto neste mundo houver herdeiros de Stálin,
para mim,
no Mausoléu,
Stálin ainda resiste.

1962
(Tradução de Haroldo de Campos)

ANDRÉI VOZNIESSIÊNSKI
(1933-2010)

Filho de um pesquisador científico, formou-se em Arquitetura em Moscou, em 1957. No ano seguinte, publicava os primeiros versos. Tornou-se, ao lado de Ievtuchenko, um dos líderes da juventude inconformista. Nos últimos anos, atuou bastante no limiar entre poesia e prosa, sendo também evidente sua preocupação com o visual do texto. E ao mesmo tempo, há em seus poemas a presença obsessiva das vicissitudes históricas do século.

GOYA

Sou Goya!
Órbitas-covas cavou-me o inimigo, revôo
                               de corvos na gula de espólios.
Sou guerra.
Sou grito
de angústia, burgos em fogo
                               no guante nevado dos anos quarenta.

Sou garra
da fome.
Sou gorja
de mulher garroteada, cadáver-badalo
                               dobrando numa praça calva...
Sou Goya!
Galas
da vingança! Devolvo a oeste de um golpe
                               as cinzas ingratas do hóspede!
E gravo no céu da memória
                               estrelas fixas como cravos.
Sou Goya.

1960

(Tradução de Haroldo de Campos)

Estrada de Rublióv

Chispam motonetas
Rente ao sanatório.

Ao volante amorosos
Arcanjos de Rublióv.

Alvura assombro
De afrescos do Ângelus:
Asas de namoradas
Brilham nos seus ombros.

Vestidos vergastam
... No arrasto do vento.

Alvuras de asas
Alai-me as espáduas!

Voarei volátil?

1. Andréi Rublióv (c. 1360-1430), célebre pintor russo de ícones. Provável referência à estrada que leva a um mosteiro com obras de Rublióv, nas proximidades de Moscou.

Projétil?
Pássaro?

Outono. Outubro.
Bosques rubros.

(Tradução de Haroldo de Campos)

Na América

Na América recendendo a treva,
                        amoníaco e camélia,
Nos hotéis lunares, como renas
                        pelo alumínio das alamedas,
Arquejantes, como tratores,
No meu encalço vão os batedores –
17 testas do FBR[1]
Brr!...
Um – carantonha de tomate,
                        outro – ferrabrás-bonifrate

E o maioral – corcunda e baço,
Olho sangrando – feito um semáforo.
Os albergues têm escutas.
                        Microfones no cano das duchas.
E o mictório olha para você,
Como o olho de um ídolo de gesso.
17 objetivas estrugem.
                        17 vezes, como um duende,
Pela frincha da porta, eu mergulho
                        de ponta-cabeça na lente!

---

1. As iniciais russas do FBI.

E vivo. Converso em hotéis modernos.
                    Rio de piadas meio obscenas.

Jazem os 17 Vozniessiênskis
Em caixinhas, nos cofres-fortes, – no inferno.
Bocas escancaradas, absortos,
                    floresta de braços entorpecidos,
Colhidos brincando de mortos,
Meus sósias estão imóveis, hirtos.
Um deles tem água nas mãos.
                    Tenta dessendentar-se em vão!

Outro entredentes degusta,
                    paralisado, uma lagosta.
Um terceiro para no salto,
                    como um lustre, no alto.
17 Vozniessiênskis gemem,
                    sem voz, à míngua:

Meu grito se enrolou como uma língua
Arrancada – vermelha! – nos gravadores.
Estou lanhado, estou largado,
                    arrastam-me inquisidores...

Eis-me em casa, faz tempo. Plenamente vivo.
Mas, não sei como, meu eu não está comigo.

Lá longe, nas casamatas transmarinas,
                        espiões de jaquetas espinafre
(Seriam radiologistas ou milhafres?)
Escrutinam-me através de um filme.
Ali na tela, azul-cerúlea,
                aquela no diva, radiante,
A me sorrir, é você. E diante
De todos, você goteja, pura!
Um ronqueja: "Que fêmea!"
                      Outro roufenha: "Dá cá, palerma!"
O corcunda fecha a cara. Está mudo.
Deita fogo pelo olho rubro.
É intolerável ser crucificado,
                transparente até às manchas do corpo.

Quando em você, dos lábios aos perônios,
Há olhos como balas, cravados!
E dedos de rebordos ferrugentos;
                    se rojam sobre teu coração.
"Está doendo, Mister Vozniessiênski?"
Larga-me, larga-me aleijão!
Larga-me, maldito Quasímodo!
                Hemorragia da alma, que arde,
Sob o olhar parado da "Liberdade"
E os olhos do batedor, úmidos.

                              1962
          (Tradução de Haroldo de Campos e
                      Boris Schnaiderman)

Noturno do Aeroporto de Nova Iorque

fachada

Meu autorretrato, retorta de neon, apóstolo
                         junto às celestes portas –
aeroporto!
Vitrais de duralumínio deflagram
radiografias da alma.
        Terrível, teu céu se retesa
        às rotas acesas
        de capitais ignotas!
        Sem ter fim,
                como esclusas,
represas constelados destinos
de bagageiros e mulheres dúbias.
No bar, como anjos, se apagam teus alcoólatras.
Para eles peroras!
A eles,
        os exânimes,
               animas!

A eles reanimas,
        os sem-repouso,
                  quando exclamas: "Pouso!"

campo de voo

Esperam-se cavaleiros, malas, galas, fadários...
Cinco "Caravelas",
    celestes lampadários,

aterram!
Cinco noctâmbulos estiram rodas, lentos.
Por onde anda o sexto?
Sumido no espaço –
      lastro, pássaro, astro?
Por baixo trepida,
    numa chapa elétrica,
o mapa.
E ele onde arqueja,
    doideja,
      declina?
Cigarro
  a queimar na neblina?...
Não mais decifra os presságios.
A terra não lhe ouve as mensagens.

interior

Presságios de tormenta. E vais para a vigília
atenta dos vestíbulos, como para as guerrilhas.
Dormitam os governos,
    aos casais, serenos.

Tranquilo boticário,
              o despachante avia-lhes itinerários.
Um olho enorme escrutina para além dos espaços.
Moscas-homens lagrimam-te,
                        lavando as vidraças.
Embarcadiço de estrelas, cristalino prodígio,
algo doce-terrível, ser filho do porvir:
sem tolos,
         sem estações como bolos-de-festa –
só aeroportos e poetas!

Um aquário de vidro onde se encerra
o céu choroso
            unido à terra.

estruturas

Aeroporto – zona consular
de ozona, embaixada solar!
Gerações às centenas
                 temendo a aventura
dessas imponderáveis estruturas!
Em lugar de ídolos, granítica massa,
esfria uma taça de azul
                    – sem taça.
Junto a torreões-casamatas,

é todo antimatéria,
            como um gás!
Brooklin – cabeça dura, demônio de pedra.
O aeroporto é o único
            monumento da era.

1964
(Tradução de Haroldo de Campos)

луна канула

(Tradução de Augusto de Campos)

A luná kânkula (literalmente, "e a lua desapareceu") e a composição seguinte, *tchaika/ plávki boga* ("gaivota / fusão de deus"), são dois *isópi* (*ópiti sobra-sítielnoi poésii*), "poemas pictográficos experimentais", publicados em Moscou, em 1970. A propósito do primeiro, um palíndromo perfeito, cujas vogais inicial e final parecem sugerir as pegadas do homem na lua, comenta o poeta: "o pé de um homem tocando a lua, a lua desaparece como mito, lenda sentimental irrealizada... o leitor pode, num golpe-de-vista, voar para a lua e voltar".

ЧАЙКИ — ПЛАВКИ БОГА

TRAMA DOS DEUSES TOIVA-

(Tradução de Augusto de Campos)

GUENÁDI AIGUI
(1934-2006)

Guenádi Aigui é de nacionalidade tchuvache, povo pouco numeroso da região do Volga. Fez estudos literários superiores. Trabalhou no Museu-Biblioteca Maiakóvski de Moscou. Seus primeiros livros de poemas saíram em língua tchuvache. É autor de uma apreciadíssima antologia tchuvache de poesia francesa. Passou a escrever em russo em fins da década de 1950. Muito chegado a Pasternak, caiu no ostracismo e ficou perto de 30 anos sem publicar nada na Rússia. Somente em 1975 saiu a primeira coletânea de seus versos em russo, editada em Munique. Um volume de poemas reunidos, mais completo e igualmente em russo, saiu em Paris em 1982. Depois de se tornarem bastante conhecidas as traduções de seus versos para o polonês, o tcheco, o sérvio e o húngaro, foi traduzido para várias outras línguas.

As edições anteriores da presente antologia contribuíram muito para sua divulgação no Ocidente, graças inclusive ao nosso intercâmbio com eslavistas ocidentais. Atualmente, Aigui está publicado na Rússia e tem seu público certo, embora pouco numeroso.

Casimir Malévitch

> ... *e se erguem os campos para o céu*
> (de um cântico)

onde o guardião do trabalho é apenas a imagem do Pai
não se introduziu o culto do círculo
e as tábuas nuas não pedem ícones

mas de longe – como um canto litúrgico
que desconhece desde agora o contracanto dos padrinhos
e se edifica – cidade imune aos períodos do tempo

assim naqueles anos outra vontade igual vigora,
e se escandia a si mesma –
cidade – página – ferro – clareira – quadrado:
– simples como fogo sob cinzas consolando Vítiebsk[1]
– sob um signo de enigma foi dado e tomado Vielímir[2]
– o Ele[3] longilíneo fica de longe para o adeus
– como um final para a bíblia: corte, clímax, Kharmas[4]

---

1. Em 1918, Chagall foi nomeado diretor da Escola de Arte de Vítiebsk, convidando depois Malévitch e Lissítzki como professores. Em 1920, Malévitch fundou nessa cidade o grupo UNOVIS de artistas suprematistas.
2. Provável referência a Vielimir Khlébnikov, amigo de Malévitch. No texto do poema, conservamos a pronúncia mais familiar para os russos.
3. Ver o poema "Louvação do Ele" de Khlébnikov, neste livro.
4. Jogo com o sobrenome (pseudônimo) do poeta Daniil Kharms.

– em tábuas por outros lavradas
– esboço de esquife branco[5]
e – erguem-se – campos – para o céu
de cada um – eis – um rumo
para cada – estrela
e bate a ponta do ferro dirigindo-a
sob uma aurora mendiga
e o círculo cumpriu-se: visto como do céu
um trabalho para se ver como do céu

1962
(Tradução de Haroldo de Campos e
Boris Schnaiderman)

---

5. Antes de morrer, Maliévitch fez um projeto "Suprematista" para seu caixão.

ATÍTULO

mais nítido que o coração de qualquer árvore única

e:

/ Partes silenciosas – apoios da força maior do canto. Esta, não se contendo, abole o audível. Partes não-ideias, – se o "não" ficou claro.

1964
(Tradução de Haroldo de Campos e
Boris Schnaiderman)

Sobre a Leitura, em Voz Alta, do Poema "atítulo"

Anuncia-se o título tranquilamente e a meia voz.
Depois de uma pausa prolongada:

Pausa não mais longa que a primeira.
Profere-se com clareza, sem entonação, a linha: "mais nítido que o coração de qualquer árvore única".
Depois de outra pausa prolongada:

Novamente, pausa prolongada.
Deve-se ler a linha: "e" com uma elevação perceptível de voz.
Lê-se a parte em prosa, depois de nova pausa, duas vezes mais longa que a anterior: devagar, com um mínimo de expressividade.

1965

SEM TÍTULO

uma rede de borboletas jamais vistas
mortas enquanto unidas –

e como que se amplia:

ela:

em sonho:

tu-
demasia de rubro e aparentando
nessa dor campesina
a unoexistência –

assembleia de flâmulas num campo
que dura longa e tudo oculta

e para sempre alumiada por searas
e pelo corpo do filho = eis – a mim
sempre me escolhes e iluminas o meu campo
onde para alguém foste flâmula

e acolhendo os estigmas = tu rede-envolvente
estás em manchas rubras

enquanto para ti me designam

1965
(Tradução de Haroldo de Campos e
Boris Schnaiderman)

nota do autor: "la pourpre de nos âmes" (Villon).

DE NOVO: INTERVALOS DO SONO

o que olha
sempre cessa:

dia ou mundo!

o único é
ininterrupto –

por sua face
a alma desliza?

: cinzas!

e a luz não se divisa
do que sempre olha! –

cinzas movediças:

fora da luz

desfolham-se

1966
(Tradução de Haroldo de Campos e
Boris Schnaiderman)

SEM TÍTULO

para o filho

o que revestes?

e de que te despes –

sombra! como num lago:

no cálido
despertar:

seria – sentido?...
seria? de algo –

num círculo de poeira invisível –

da essência e do ar-vocábulo:

e do mundo-vocábulo:

que se dilata! –

e ao qual não é dado definir
nem lugar:

nem imagem

1966
(Tradução de Haroldo de Campos e
Boris Schnaiderman)

A CASA DO POETA EM VÓLOGDA

"imagem querida descia sobre a alma..."
P. VIÁZIEMSK[1]

mas ao lado – um âmbito de seda:

como que se rompia ao misturar-se –

radiância
e calafrio:

daquela que não cessa: da têmpora –

faces da mutável
como ao vento –

no radioso da seda – quase rosto:
de cinzas!
da autêntica:
da íntegra –

pelo vento das janelas corroída:

1. P. A. Viáziemski, poeta (1792-1878).

e pela claridade: até o vivo
do rosto –

objeto precioso
que se oculta:

no centro da seda:

do vento:

e da luz difusa

1966
(Tradução de Haroldo de Campos e
Boris Schnaiderman)

SONHO: CAMINHO NO CAMPO

se quase não existes – para que
buscar um outro

que não consiste em corpo?...

que esperas do caminho? uma sombra
que encerra algo...

alimento inefável:

que ali também não há...

daquele que antes passa
não descobrirás

nem rastros...

1967
(Tradução de Haroldo de Campos e
Boris Schnaiderman)

ROSA DO SILÊNCIO

para B. Schnaiderman

e agora
o coração
ou apenas ausência
uma vacância tensa – como quando arrefece
aos poucos
à espera
o sítio da prece
(o puro – permanência – no puro)
ou – aos arrancos a incipiente dor
(ou – às vezes possivelmente
dói – à criança)
frágil desnudo-viva
qual impotência de pássaro

9 DE JUNHO 1983
3 HS. DA MANHÃ/3 HS. DA TARDE

RUA IASSÊNIEVAIA/TEATRO BOLCHÓI
(Tradução de Haroldo de Campos e
Boris Schnaiderman)

Nuvens / Do *Caderno de Verônica*

Nesta
aldeia de ninguém
trapos indigentes nas cercas –
teréns de ninguém.

E sobre eles nuvens de ninguém,

e adiante – anúncios sobre a infância:
crianças esquálidas, bravias;

e música sobre o nu
de mulheres nuas e citas;

e aqui, no leito, ao rés dos olhos,
algures, junto a pestanas úmidas,
alguém morria e chorava,

enquanto eu compreendia
de uma vez por todas – era

minha mãe.

1960
(Tradução de Haroldo de Campos e
Boris Schnaiderman)

Do *Caderno de Verônica* (*Tietrád Vieroníki*)[1]

Ex-libris — para você — em versos
fosforecência
do metrônomo divino
a Macieira Silvestre
chamada Infância

---

1. Livro de poemas dedicado à filha do poeta, que nascera havia pouco.

Joia
súbito: um olhar pela janela –
e vejo apenas isto: tua mãozinha –
no meio das flores
(*1983 julho*)

De novo: *ao embalar você*
vermelhas
as rosas — aos olhos
do pequenino:
dia — vire uma roda: oh — borboleta:
venha — marcar:
o instante: de
branco
(*1983, junho
Odessa*)

(Tradução de Haroldo de Campos)

E: *círculo*
do amor[1]
    à querida Jerusa
Rosa chamejante do Brasil
Linhagem-de-flor-do- "Caderno"
da antiga Nogueira Búlgara
diante da presença baixo-murmurante
das Plantas-Que-Não-Se Parecem – Com Nada
(segundo palavras Cália
de uma certa – ei-la! – Moita Lilás)
    Gália se corrige:
"Boris? Talvez o tenho
araucariamente-firme
mas – o melhor é dizer – Constante"
                   com amor
                        Aigui

                18 DE JULHO DE 1987
          (Tradução de Haroldo de Campos e
                     Boris Schnaiderman)

1. Poema escrito em casa do poeta, em Moscou, por ocasião de visita de Boris Schnaiderman e Jerusa Pires Ferreira.

IÚRI PANKRATOV
(N. 1935)

Foi Nicolai Assiéiev quem chamou a atenção dos leitores e particularmente dos editores sobre os inéditos deste poeta, num artigo publicado em 1959 e depois incluído no livro *Para Que e para Quem a Poesia É Necessária* (Moscou, 1961). Mais tarde, Pankratov conseguiu publicar seus poemas em revistas e reuni-los em livros: uma obra desigual, por vezes bem realizada e corajosa nas imagens e nos processos utilizados. O trabalho traduzido nesta antologia pertence ao volume *Miéciatz* (Mês ou Lua), Moscou, 1962, e nos foi enviado pelo poeta e tradutor escocês Edwin Morgan.

Canto Lento

O navio vai para o mar
O navio vai para o mar
O navio vai para o mar
Longe, mais longe...

E o mar vai para o céu
E o mar vai para o céu
E o mar vai para o céu
Alto, mais alto...

E o céu para as estrelas
E o céu para as estrelas
E o céu para as estrelas
Verdes e azuis.

E as estreias para o eterno
E as estrelas para o eterno
E as estrelas para o eterno
Frias, sem fim.

E o eterno cai para o homem
E o eterno cai para o homem
E o eterno cai para o homem
Grande ou pequeno.

E o homem vai para o mar
E o homem vai para o mar
E o homem vai para o mar
E o homem vai...

1962.
(Tradução de Augusto de Campos)

LEV KROPIVNÍTZKI
(1893-1978)

O poema de Kropivnítzki incluído neste livro já aparecia na edição anterior, mas com data de nascimento errada, seguida de um ponto de interrogação e nenhuma informação biográfica, pois não nos fora possível obtê-las, a não ser a referência ao fato de que o texto era considerado um clássico do *Samizdát* (em russo, "autoedição", isto é, o sistema de produção individual de textos). Ele fora entregue em Moscou a Boris Schnaiderman pelo poeta Guenádi Aigui e depois não o vimos em qualquer edição ocidental. Com a *glasnost*, foi possível obter algumas indicações sobre o autor. Ele se considerava essencialmente poeta, embora fosse também pintor e compositor. Sabe-se que em 1937 destruiu tudo o que havia escrito. Encabeçou um grupo de pintores e poetas que se reuniam em Lianózovo, perto de Moscou. Em 1963, foi excluído da União do Pintores, acusado de "formalismo". O seu único livro de versos saiu em Paris em 1976.

Sextina

Cala, e não haverá desgraça.
Oculta-te e fica de lado:
Não te agites pra cá, pra lá,
Não te enerves, bico calado.
É isso aí: cai no trabalho
E, pouco a pouco, dança, dança.

Quem nasceu não tem jeito, dança:
Para que buscar mais desgraça?
A vida é assim mesmo: trabalho.
Trabalhar e passar de lado.
Aguentar, mas sempre calado,
Olhar pra cá, olhar pra lá.

Mesmo que olhes pra cá, pra lá,
De que adianta? – disseram: dança,
Tudo é inútil. Passa, calado,
Para não cair em desgraça.
Se há desgraça, fica de lado,
Mas lembra bem: tudo é trabalho.

Trabalho é sempre trabalho:
Zanza pra cá, zanza pra lá,
Ou trabalha ou fica de lado.
Comer não é bom? Então, dança.
Pra viver com menos desgraça
E mais paz, aguenta calado.

Que outros chiem, ouve calado
E conhece bem teu trabalho:
Talha pra cá, malha pra lá;
Quem pode viver sem desgraça?
É esse o jeito: trabalha e dança...
E pouco a pouco sai de lado.

Tudo passa – fica de lado,
Aceita o teu quinhão, calado.
Pra que dançar? Esquece a dança
E trabalha no teu trabalho,
Talha a mortalha e vai pra lá,
Pra lá, onde não há desgraça.

1948
(Tradução de Augusto de Campos e
Boris Schnaiderman)

ICONOGRAFIA

Aleksandr Blok, 1920

Andrei Biéli, em 1933. O retrato na parede é um óleo de Ostroúmova-Lébiedieva.

Vassíli Kamiênski

Vassíli Kamiênski,
piloto-aviador, 1911.

Khlébnikov em Tchernianka, província de Khersón, Ucrania, 1912. A fotografia foi doada a Boris Schnaiderman por Lília Brik, em Moscou, em 1972.

Aleksiéi Krutchônikh, 1928 (fotomontagem de Gustav Klucis)

Retrato de Iliá Zdaniévitch (1913), por Natália Gontcharova.

Ana Akhmátova, 1924 (Foto de Moisséi Napelbaum)

Boris Pasternak

Óssip Mandlstam (Paris, 1905-1906)

Marina Tzvietáieva

Vladímir Maiakóvski

Sierguéi Iessiênim

Andrei Vozniessiênski

Guenádi Aigui e Haroldo de Campos
Foto de: Carmen de Arruda Campos, Copenhagem – 1993

POESIA VISUAL

A poesia visual tem uma rica tradição na Rússia. Em nosso meio, ela tem sido divulgada sobretudo em trabalhos de Augusto de Campos. Confrontar, entre outras, as suas traduções/recriações neste livro e na Revista *Bric-a-Brac*, n. 5, Brasília, 1990-1991. Damos a seguir alguns exemplos da poesia visual russa, reproduzidos (a não ser os quatro primeiros) da exposição organizada em Kassel e realizada em 1990, a Transfutur, com poesia visual do Brasil, dos países de língua alemã e da união Soviética, dirigida pelo brasileiro André Vallias e pelo soviético Valéri Cherstianói.

Manuscrito de Vielimir Khlébnikov publicado no livro de R. Duganov: *V. Khlébnikov – Priroda Tvórtchestva* (A Natureza da Arte), Moscou, Editora Escritor Soviético, 1990.

Outro manuscrito de Vielimir Khlébnikov publicado no livro de R. Duganov: *V. Khlébnikov – Priroda Tvórtchestva* (A Natureza da Arte)

Valentina Kropivnítzkaia, *A Igreja submersa* (lápis sobre papel, 1967).

Érik Bulatov, *Não Há Entrada* (crayon sobre papel, 1973), pp. 419 e 42: cópia fotográfica tirada de Igor Golomshtok e Alexandre Glezer, *Soviet Art in Exile*, Random House, Nova York, 1977.

Boris Konstriktor, *Que É Isto?*, 1989.

Valêri Cherstianói, as cercas de arame culminam na palavra "Niet!" (Não!).

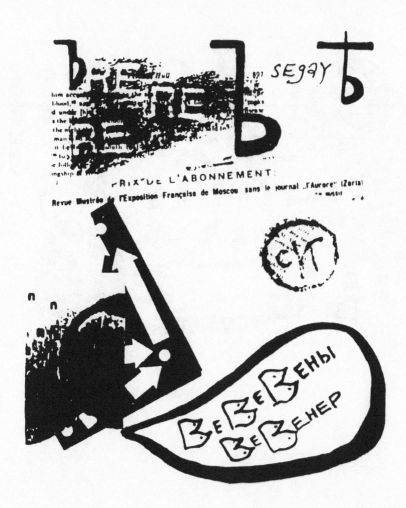

Serge Segay, *Sem título*, 1988.

Serge Segay, *Sem título*, 1988.

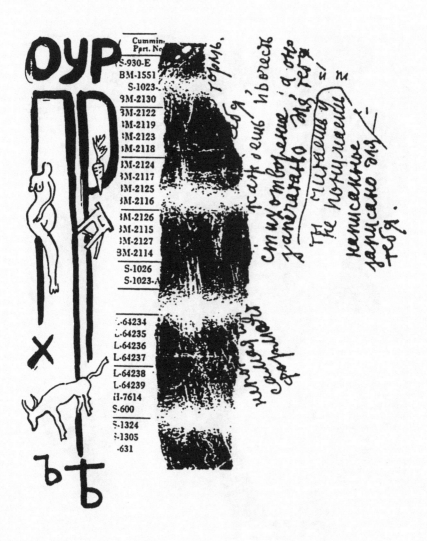

Serge Segay, *OUR*, 1988.

Rea Nikônova, *Poema-mulher*, 1988.

Rea Nikônova,
As ondas Poéticas, 1988.

Este livro foi impresso na cidade de Cotia,
nas oficinas da Meta Brasil, para a Editora Perspectiva.